**유튜브
마케팅
인사이트**

일러두기

◦ 주제 특성상 신조어, 인터넷 용어나 타겟팅, 조회수 등 맞춤법 표기를 따르지 않는 표현이 등장합니다.
◦ 본 책에 포함된 이미지 중 일부는 저작권자의 사전 허락을 받지 못했습니다.
　문제 시 연락주시면 알맞은 조치를 취하겠습니다.

유튜브 마케팅 인사이트

초판 1쇄 발행 2021년 9월 3일
초판 2쇄 발행 2023년 2월 6일

지은이 서양수

펴낸이 조기흠
편집이사 이홍 / **책임편집** 박단비 / **기획편집** 박의성, 유지윤, 이지은, 전세정
마케팅 정재훈, 박태규, 김선영, 홍태형, 임은희, 김예인 / **디자인** 문성미 / **제작** 박성우, 김정우

펴낸곳 한빛비즈(주) / **주소** 서울시 서대문구 연희로2길 62 4층
전화 02-325-5506 / **팩스** 02-326-1566
등록 2008년 1월 14일 제 25100-2017-000062호

ISBN 979-11-5784-536-1 13320

이 책에 대한 의견이나 오탈자 및 잘못된 내용에 대한 수정 정보는 한빛비즈의 홈페이지나
이메일(hanbitbiz@hanbit.co.kr)로 알려주십시오. 잘못된 책은 구입하신 서점에서 교환해드립니다.
책값은 뒤표지에 표시되어 있습니다.

⌂ hanbitbiz.com f facebook.com/hanbitbiz N post.naver.com/hanbit_biz
▶ youtube.com/한빛비즈 ◉ instagram.com/hanbitbiz

지금 하지 않으면 할 수 없는 일이 있습니다.
책으로 펴내고 싶은 아이디어나 원고를 메일(hanbitbiz@hanbit.co.kr)로 보내주세요.
한빛비즈는 여러분의 소중한 경험과 지식을 기다리고 있습니다.

수백억 원 광고비를 써서
알아낸

서양수 지음

유튜브
마케팅
인사이트

HB 한빛비즈
Hanbit Biz, Inc.

나는 유튜브 광고를 만든다. 그래, 그거 맞다. 모두가 '스킵버튼'이 나오기만을 숨죽여 기다리게 하고, 5초 후 마침내 스킵버튼이 나오면 불꽃 클릭을 하게 만드는 바로 그 광고다.

유튜브가 대세로 자리잡은 오늘날은 너도 나도 유튜버가 되길 바란다. 유튜버가 초딩들의 희망 직업 리스트에 오르게 된 것도, 대학생 전공별 미래 직업 리스트에 포함된 것도 이미 오래전이다. 미용학과는 뷰티 유튜버, 사회체육학과는 헬스 유튜버, 영문학과는 영어 강의 유튜버, 뭐 이런 식으로 말이다. 그리고 '유튜브'는 직장인들이 하는 2대 거짓말에 당당히 이름을 올리기도 했다. "퇴사하면(거짓말) 나도 유튜버가 될 거야(거짓말)."

모두가 유튜브를 외치는 세상에서 유튜브 광고를 만든다는 건 어쩐지 훼방꾼이 된 기분이다. 어느 조사 결과[1]를 보고 너무 웃겨서 나도 모르게 빵 터진 적이 있다. '유튜브 광고를 스킵했나요?'라는 질문에 98.1%가 '예'라고 답했다. 그러니까 앞뒤 가릴 것 없이 스킵버튼은 무조건 누른다고 보면 된다. 그렇다면 1.9%의 사람들은 무슨 생각일까? '광고를 클릭한 이유가 뭔가요?'에 대한 답변 중 두 번째로 많은 이유가 무려 '실수'였다.[2] 하하하. 좀 웃프지만 이쯤 되면 모두가 싫어하는 그놈의 광고를 대체 왜 만드나 싶다.

그렇지만 꽃이 피는 곳에 꿀벌들이 모이고, 재미있는 영상에 좋아요와 구독이 모이듯, 마케터들은 고객들이 모이는 곳이라면 어디든 기를 쓰고 달려든다. 그리고 눈치 없는 사람처럼 대뜸 광고를 들이댄다. 간혹 '거참 약 빨았다'라는 댓글로 폭풍 칭찬이 이어지는 대박 광고가 터지기도 하니, 마케터로서 쉽게 지나칠 수 없다.

하지만 대다수는 뜨뜻미지근한 반응이거나 무관심이다. 그럼에도 나는 안다. 사람들이 유튜브에 열광할수록 더 많은 마케터들이 모여 아주 가끔 이런 반응이 터지기도 한다. 지금 봐도 흐뭇하다.

(출처: 유튜브 5G 프리미엄 가족결합 댓글 중)

들 거란 사실을 말이다. 그리고 아마 더 기발하고 더 창의적이며 더 꿀잼 터지는 광고를 만들려고 애쓸 것이다. 관심병자처럼 조바심을 내고, 당신의 주의를 뺏기 위해 심혈을 기울일 것이다.

　한 가지 안타까운 사실은 유튜브에 대한 관심은 폭발적인 데 반해, 마케터가 참고할 만한 지식과 정보는 많지 않다는 점이다. 떡상하는 유튜버가 되는 방법이나 크리에이터들을 위한 꿀팁은 넘쳐나지만, 정작 마케터들이 참고할 데이터는 너무도 부족하다. 모든 마케터들이 뜨겁게 주목하고 있는 매체 위상에 비해 초라한 현실이다. 유튜브에 투자하는 광고비는 매년 늘고 있는데 벤치마킹할 성공 사례는 많지 않고, 어떤 지식과 정보로 무장해야 할지 막막하기만 하다. 광고 영상을 만들어 '5초 전쟁'을 벌이고 있는 이 전장에서 우리는 어떻게 싸워야 할까?

내 고민의 시작은 바로 거기에 있었다. '나 같은 마케터들이 더 있지 않을까?'라는 마음으로 이 책을 썼다. 막막하다 못해 답답한 마음을 해소할 창구를 마련하고 싶었다. 유튜브가 고민인 마케터를 위해 지금까지 기업에서 유튜브 광고를 담당하며 쌓은 경험과 몸으로 부딪혀 얻은 지식을 나누고 싶었다.

이제부터 수많은 시행착오와 실수를 통해 배우며 여기까지 오게 된 이야기를 전해보고자 한다.

그래서 내가 누구냐면

◇◇◇

나는 유난히 광고의 턴오버가 빠르다는 통신회사 광고담당자로 월급을 받으며 살고 있다. 유튜브 광고라고 하면 저예산 바이럴 광고가 대부분이던 시절, '응답하라 1988' 외전 시리즈로 대박을 터트렸다. 그 후 크고 작은 광고 캠페인 PM 역할을 하며, 지금까지 광고와 유튜브 매체 담당을 업으로 삼고 있다.

소위 '약빤 광고'를 만들어보기도 하고, 이국종 교수와 함께 헬기에 경비함까지 동원한 블록버스터급 브랜드 필름을 만든 적도 있다. 최근에는 이말년, 주호민 작가와 함께 고객 참여형 콘텐츠 'Y드립 시네마'라는 새로운 도전으로 이슈를 만들기도 했다.

그렇게 지금까지 유튜브 광고를 집행한 비용이 대략 수백억 원에

달한다. 개인이 유튜브에 집행한 경험으로는 국내 최대 규모급이 아닐까 싶다. 그동안 크고 작은 캠페인을 진행하며 폭망도 해보고 대박이 나기도 했지만, 여전히 유튜브는 어렵다. 그럼에도 엎어지고 자빠지며 구르다가 이제는 어떻게 넘어지면 좀 덜 다치는지까지는 터득한 것 같다. 나처럼 더듬더듬 앞으로 걷고 있는 또 다른 마케터들에게 도움을 줄 수 있다면 좋겠다. 그도 안된다면 여기 당신처럼 어리바리 노심초사하며 같은 일을 고민하는 사람이 세상천지에 한 명 정도 더 있다는 말을 해주고 싶다.

이 책의 차별점

◇◇◇

이 책은 현업에 종사하며 마케터에게 필요한 지식들을 정리한 것으로, 아래와 같은 세 가지 차별점을 가지고 있다.

첫째, 이론서나 개념서에서 배울 수 없는 살아 있는 지식과 정보를 제공한다. 기업 유튜브 광고를 담당했던 나의 실전 경험을 바탕으로 한 이야기다. 또한 실제 기업의 다양한 사례를 중심으로 설명한다.

둘째, 유튜브 광고의 성공방정식을 파헤친다. 유튜브는 기존의 미디어와 전혀 다른 방식으로 움직이고 반응한다. 그 기저에서 과연 어떤 요소들이 작동하고 있는지 하나씩 살펴보자.

셋째, 광고 매체로써 유튜브를 이해할 수 있도록 현실적인 도움을 준다. 유튜브 광고 노출 메커니즘부터 성과 측정 방식까지, 기본적인

유튜브 딜리버리 키트. 유튜브는 마케터를 대상으로 트렌드 및 정보 공유를 정기적으로 진행한다.
올해는 코로나로 인해 키트로 제작되어 배송되었다.

배경지식부터 실전에서 바로 적용 가능한 실무 지식까지 망라했다.

　마케터라면 한번쯤 겪게 되는 열 뻗치는 상황부터, 타깃군을 설정하고 CPV(조회수당 비용)를 측정하는 지극히 실무적인 이야기까지 모두 당신에게 도움이 되길 바란다. 그럼 오늘도 시각과 청각으로 시청자를 현혹하는, 유튜브 영상 시청의 완벽한 훼방꾼이 되기 위해 골머리를 썩는 마케터들을 응원하며, 《유튜브 마케팅 인사이트》에 당신을 초대한다.

contents

3부. 모르면 손해보는 광고 노출 원리

4부. 데이터로 증명하는 성과 측정

5부. 잘나가는 이들의 비법 노트

1부

유튜브,

오해와
진실

우리 광고는 왜 아무도 안 봐요?

유튜브 시대의 새로운 문법 4가지

"그런데 말이야, 요즘에 TV를 보는 사람이 있긴 해?"

요즘 TV 광고 콘티를 들고 임원 보고를 가면 자주 듣는 말이다. 60부작 대하드라마를 빠짐없이 시청할 것 같은 중년의 임원도 저런 말을 하는 걸 보면, 확실히 TV 시대는 저물고 있다. 생각해보면 나부터도 TV 프로그램을 챙겨본 게 언제인가 싶다. 지상파는 좀 더 심한 상황이고, 그나마 일부 케이블 채널은 카멜레온처럼 변화하며 생존을 도모하고 있다. TV의 빈자리가 신흥강자 유튜브로 빠르게 대체되고 있기 때문이다.

소위 '갓튜브'라 불리는 게 당연해보인다. 더욱 놀라운 건 유튜브

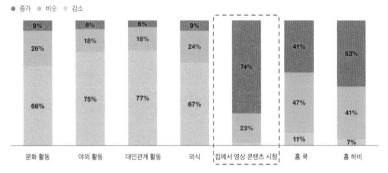

전년 대비 활동 증감률

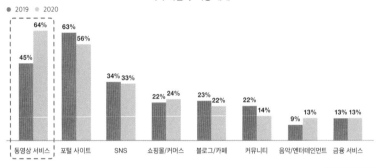

여가 시간 주 이용 매체

(출처: 메조미디어)

애용자가 세대 불문이라는 점이다. 날 때부터 스마트폰을 손에 쥐고 살았다는 Z세대나 밀레니얼세대의 전유물인 줄 알았는데, 시니어 사이에서도 먹힌다. 요즘 인싸 꽃할배가 되려면 유튜브 채널 하나쯤은 파줘야 되는 거다. 그뿐이 아니다. 이제는 검색할 때도 유튜브, 음악을 들을 때도 유튜브다. 그야말로 유튜브 퍼스트의 시대가 도래했음을 체감한다.

게다가 이러한 경향은 코로나 여파로 더 빠르고 광범위하게 자리

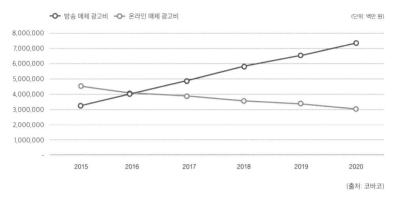

방송 매체와 온라인 매체 광고비 변동 추이

⚬ 방송 매체 광고비 ⚬ 온라인 매체 광고비   (단위: 백만 원)

(출처: 코바코)

잡았다. 집에 있는 시간이 늘어난 만큼 인터넷을 이용하는 시간이 늘어나고, 자연히 유튜브를 시청하는 시간도 늘어났다.

"그럼 결국 광고비도 옮겨갈 수밖에 없는 거야."

맞다. 마케터의 지대한 관심은 바로 '고객이 모이는 곳'이다. TV 시청률 저하는 곧 TV 광고비의 거침없는 삭감을 의미한다. 시청자가 없는 곳엔 광고도 없다. 여기에는 한 치의 자비도 없다. 쉽게 말해 산업을 떠받치고 있는 자본의 근간이 빠르게 흩어지고 있다는 것을 의미한다. 실제로 방송사의 매출 규모 변화 추이를 보면 그 감소 폭이 확연히 눈에 들어온다.

삭감된 TV 광고비는 유튜브와 같은 디지털 매체로 빠르게 이동하고 있다. 이는 비단 우리나라에서만 일어나는 현상이 아니다. 전 세계에서 나타나고 있는 트렌드다. 수많은 광고 예산이 유튜브로 이동하면, 유튜브 생태계를 떠받들고 있는 자본의 규모가 점점 더 탄탄해지는 것은 두말하면 잔소리다. 앞으로 이 생태계에 더 많은 재미와 눈여겨볼 만한 것들이 등장할 이유기도 하다.

아무도 보지 않는 유튜브 광고
◇◇◇

주요 광고비가 TV에서 유튜브로 대거 이동한다는 흐름은 잘 읽었다. 하지만 문제는 아무도 유튜브 광고를 보지 않는다는 것이다.

물론 광고 역사상, 광고가 공해가 아니었던 적은 없다. 더구나 요즘처럼 다채로운 미디어가 등장해 서로 목소리를 내고 있는 시기엔 두말할 것도 없다. 특히 러닝타임이 짧은 유튜브 콘텐츠의 특성상 인류가 이만큼이나 광고에 자주 노출된 적이 있나 싶다. 영국 작가 닐 부어맨은《나는 왜 루이비통을 불태웠는가》에서 현대인이 하루에 마주치는 광고 건수가 무려 3천 건이라고 말했다. 그 3천 건 중 우리 브랜드의 지분은 얼마나 될까?

전혀 다른 문법으로 움직이는 유튜브 광고
◇◇◇

그래도 그렇지. 유튜브 광고에 왜 이리 야박하냔 말이다. 날밤 새

우리가 하루에 마주치는 3천 개의 광고. 이 중 우리 브랜드가 보이긴 할까?

우고 기껏 만들어서 팀장부터 상무까지 줄줄이 사탕으로 보고를 거듭해 겨우 완성한 광고인데, 사람들은 5초 후 등장하는 스킵버튼만을 기다린다. 1초도 더 기다려주지 않는다.

사람들이 유튜브 광고에 유난히 야박한 것에는 여러 가지 이유가 있을 것이다. 하지만 온 세상이 다 변하는데 우리만 그대로 머물러 있던 것이 문제는 아닐까?

유튜브는 새로운 메커니즘으로 돌아가는데, 우리가 일하는 방식이나 세상을 바라보는 태도, 광고를 집행하고 측정하는 방식은 변한게 없다. '라떼는 말이야'라고 말하며 전파 매체가 전부였던 그 시절에 머물러 있단 말이다. 커다란 조직일수록 변화가 어렵다는 명제 아래 우리는 그저 어제 하던 일을 오늘도 열심히 하고 있다. 반성한다. 나부터도 아직 한참 모자라다.

애써 만든 우리 광고를 대중이 보게 하려면 변화에 민감해야 한다. 예리한 감각을 곤추세우고 유튜브에서 일어나는 환경 변화를 바로바로 읽어야 한다. 그렇다면 그 변화란 대체 뭘까? 대체 무엇이 유튜브 광고를 어렵게 하는 걸까? 광고를 위해 살펴야 하는 유튜브의 특성을 크게 4가지로 정리해보았다.

① 유튜브 광고는 스킵이 가능하다

5초라는 말미가 주어지지만 광고를 스킵할 것인가 말 것인가의 선택은 시청자 손에 달렸다. 이런 자율성이 시청자의 손에 쥐어졌을 때 그들의 반응은 뻔하다. 재밌게 보고 있던 영상이 뚝 끊기고, 갑자기 현란한 징글Jingle과 함께 광고가 등장한다고 생각해봐라. 스킵버튼이 뜨는 자리만 노려보게 되는 것이 당연하다. 거기에 요즘은 영상 시작 전 등장하는 '프리롤 광고'까지 많아지면서 시청자의 화를 돋우고 있는 실정이다.

게다가 TV가 소파에 기대 편안한 마음으로 화면을 보는 'Lean Back' 매체라면, 유튜브는 손에 쥔 채 언제든지 다른 행동을 할 준비가 돼있는 'Lean Forward' 매체다. 그러니 시청자의 적극적인 화면 터치가 자연스럽게 일어난다. 스킵이 일상이고, 논스킵이 비일상인 것이다.

그렇지만 나는 여기서 한 줄기 빛 같은 희망을 본다. 터치가 쉬워진 만큼 스킵을 쉽게 할 수도 있지만, '좋아요'나 '댓글' 등 고객의 참여도 얼마든지 이끌 수 있다. 실제로 전통적인 TV 매체와 달리 손에 쥐고 볼 수 있는 유튜브는 시청자의 관여도가 높다고 알려져 있다.[1]

이는 우리가 유저의 관심만 끌 수 있다면 구매나 클릭 등 적극적인 행동을 이끌 수 있다는 의미이기도 하다.

② 유튜브는 철저히 개인화된 매체다

유튜브는 유저에 따라 노출되는 영상이 각양각색이다. 동물 애호가에게는 강아지나 고양이 영상이, IT 마니아에게는 아이폰이나 맥북과 관련된 영상이 노출된다. 이는 마케터에게 눈이 번쩍 뜨일 정도로 매력적인 특징이다. 맞춤형 광고를 할 수 있는 길이 열렸음을 의미하기 때문이다. 하지만 반대로, 할 일이 더 많아졌음을 의미하기도 한다. 각 대상에 맞게 디테일한 전략을 세워야 하기 때문이다. 광범위한 대중을 대상으로 광고를 한 편만 만들어 대규모로 뿌리기만 해서는 안 된다. 타깃별로 취향과 선호에 따라 광고를 따로 만들고, 매체를 나누어 집행해야 하는 시대가 된 것이다.

흥미로운 점은 고객 취향에 맞춰 세분화된 광고를 만들면 그 효과가 생각보다 크다는 것이다. 사람들이 시청 콘텐츠를 정할 때 '관심사'가 지대한 영향을 끼치기 때문이다. 실제로 '관심사'라는 선택 기준은 연예인의 등장 여부보다 3배 더 중요하고, 영상의 퀄리티보다 1.6배 더 중요한 것으로 나타났다.[2] 또한 한 브랜드에서 공개한 실적 자료를 보면, 맞춤 관심사 타깃군은 구매 고려도가 19% 증가했으며, 이는 단순 데모 타깃군 대비 약 40% 증가한 수치라고 한다.[3] 이것의 함의는 분명하다. 우리가 유저들의 관심사를 철저하게 파고들수록 우리의 광고는 기존과는 확실히 다른 결과를 만들어낼 수 있다는 것이다.

시청할 콘텐츠 선정시 중요도

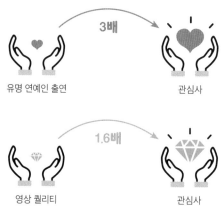

3배

유명 연예인 출연 → 관심사

1.6배

영상 퀄리티 → 관심사

(출처: Think with Google)

③ 유튜브에 기대하는 영상 자체가 다르다

TV 광고는 다수를 대상으로 한 보편적인 감성과 누구나 이해할 수 있는 스토리가 주를 이룬다. 공공재라는 전파의 특성 때문에 제재도 많고, 다룰 수 있는 주제나 표현법도 한정적이다. 어느 정도 점잖을 뺄 수밖에 없다. 반면 유튜브는 무작위의 다수보다는 취향이 확실한 소수를 공략한다. 새로 생긴 매체라 그런지 표현 방식이나 포맷도 상대적으로 훨씬 자유롭다. 덕분에 유튜브에서는 다양한 기호들이 롱테일로 존재하면서 그간 방송 매체에서 볼 수 없던 재기 발랄한 주제들이 등장하기도 한다.

사람들은 그간 접하지 못했던 톡톡 튀는 새로운 영상에 반응한다. 불과 몇 년 전만 해도 개념조차 생소했던 먹방, ASMR, GRWM_{Get}

Ready With Me, VLOG 등이 유튜브 세계에선 소위 먹히는 장르가 됐다. 이렇게 다양한 롱테일이야말로 유튜브가 주목받고 시청자들이 열광하는 이유이기도 하다.

과연 광고는 이토록 다양한 자극이 빗발치는 곳에서 살아남을 수 있을까? 어려움에 직면한 것은 확실해보인다. 그렇다면 롱테일로 분화되는 콘텐츠 포맷으로 광고를 만들어 보면 어떨까? 비슷한 생각들인지 ASMR이나 VLOG 포맷을 활용한 광고는 이미 심심치 않게 등장하고 있다. 기회는 고객의 취향과 분화되고 있는 트렌드를 집요하게 파고들 때 생긴다.

⑭ 유튜브는 작은 화면으로 본다

유튜브 전체 시청의 약 70%가 모바일에서 이뤄진다.[4] 그러니까 70%에 달하는 다수의 유저가 작은 화면으로 유튜브 광고를 본다는 소리다. 거실 한쪽 벽면에 당당히 자리한 커다란 TV와 비교하자면 시청각적 임팩트가 약할 수밖에 없다. 이는 전통적인 TV 화면의 구도, 시청각적 요소, 미장센, 내러티브 등이 확실하게 달라져야 함을 의미한다.

이에 발맞춰 구글에서는 '인물 중심의 구도', '통자막 사용' 등의 유튜브 광고 제작 가이드를 안내하기도 한다.[5] 미디어가 달라지면 필히 그 안의 내용물도 달라져야 한다.

콘텐츠 기획 단계부터 이렇게 달라진 환경을 크리에이티브에 반영한다면 전혀 다른 효과를 낼 수 있다. TV에서는 애초에 불가능했던 클릭이나 관여도를 높일 수도 있다. 물론 유튜브라는 플랫폼을 충분히 이해하고 활용할 때만 주어지는 기회인 것은 분명하다.

 **이것만 봐도 OK**

지금까지 산업의 중심이 유튜브로 이동하고 있는 상황을 살펴봤다. 실무를 하는 마케터라면 변화의 속도가 얼마나 빠른지 체감하고 있을 것이다. 현 상황에서 우리는 단순히 마케팅 예산만 유튜브로 옮기고 있는 건 아닐지 생각해봐야 한다. 저쪽에선 전혀 다른 메커니즘으로 돌아가고 있는데, 이쪽에선 예전 그대로 고객을 바라보고, 같은 방식으로 접근하는 것은 아닌지 말이다.

아직도 많은 브랜드에서는 TV 광고 한 편을 만들어 유튜브에도 그대로 노출하고 있다. 단순히 브랜드 인지도를 높이는 효과야 있겠지만 유튜브 플랫폼이 가진 강력한 특징을 충분히 활용하지 못하는 것이 안타깝다. 콘텐츠가 넘쳐나는 유튜브의 세계에서 굳이 우리의 광고를 누가 애틋한 마음으로 봐줄 리 만무하다는 점을 기억해야 한다.

상황이 변했다면 무엇이 변했는지 아는 게 우선이다. 그리고 이곳에서만 통하는 메커니즘이 있다면 그게 무엇인지 기어코 알아내야 한다. 우리는 앞서 크게 4가지로 나눠 그 배경을 알아봤다. 기존 방식대로 일하면 분명한 성과를 만들기 어렵지만 변화를 잘 활용하면 좋은 성과를 만들 수 있음을 알았다. 재미있는 콘텐츠가 넘쳐나는 유튜브 플랫폼이 우리에게 전하는 메시지는 너무나 확실하다.
'변화에 적응하라. 그리고 기회를 만들어라.'

유튜브가 가져온 4가지 변화와 기회 요인

1. 유튜브 광고는 스킵이 가능 ▶ <u>고객 관여도를 높일 수 있는 기회</u>

2. 유튜브는 철저히 개인화된 매체 ▶ <u>맞춤 관심사를 반영할 수 있는 기회</u>

3. 유튜브에 기대하는 영상은 다름 ▶ <u>다양한 방식을 시도해볼 수 있는 기회</u>

4. 유튜브는 보통 작은 화면으로 시청 ▶ <u>모바일 맞춤형 콘텐츠 개발의 기회</u>

아직도 유튜브 조회수를 믿으세요?

마케터가 알아야 할 유튜브 최소 상식

마케팅팀 X팀장은 속이 탄다. 이번 회의는 참석만 하면 되는 자리라서 가벼운 마음으로 들어간 건데 분위기가 묘하게 흐른다. 매출이 잘 안 나오는 이유가 마케팅이 약한 탓이라며 온 시선이 자신에게 쏠렸기 때문이다. '그게 왜 마케팅 때문이야. 상품이 뒤떨어지니까 반응이 없지'라고 생각하던 찰나, B이사의 말이 쐐기를 박는다.

"유튜브만 봐도 그래요. 경쟁사는 올렸다 하면 조회수가 수백만 씩 빵빵 터지던데 우린 영…."

분위기는 금세 싸해지고 모두들 무언의 동조로 그를 쏘아보기 시작한다. 아무래도 오늘의 희생양은 X팀장인 걸까. 장작을 모아 모닥불을 피우고 X팀장을 꼬치에 꽂아 제사를 드리면 오늘은 어찌어찌 넘어갈 것이다. 물론 당사자는 미치고 팔짝 뛸 노릇이지만 말이다.

예전엔 임원들이 유튜브 광고 자체를 못 미더워했는데, 요즘엔 언제 그랬냐는 듯이 챙겨 본다. 골프 스윙 자세부터 주식 정보까지 죄다 유튜브로 찾아보니 말 다했다. 50~60대의 유튜브 시청 시간이 크게 늘었다는 통계에 B이사도 기여하고 있는 게 분명하다. 어쨌든 불만에 찬 그의 표현을 빌리자면, 우리 광고는 조회수가 빌빌거리는 게 영 고객 반응이 안 좋다는 거다.

어디서부터 설명을 해야 할까. X팀장은 정신을 차리고 얽힌 실타래를 풀듯 침착하게 한마디씩 이어간다. 면죄부를 받을 수 있길 기대하면서 마침내 그가 입을 열었다.

"조회수는 올릴 수 있습니다. 1천만 뷰? 가능하죠. 사실 쉬운 일이에요."

회의실에 참석한 사람들의 머리 위로 물음표가 뜬다. 안경을 고쳐 쓰는 B이사도 마찬가지. 쉬운 일이라니. 대체 그게 무슨 말일까. 그럼 그동안 왜 안 한거란 말인가. 스트레스를 너무 받아 원형탈모가 오더니, 이제는 머리털과 함께 정신도 가출한 걸까?

X팀장의 이야기를 이해하려면 유튜브 조회수에 담긴 비밀을 알아야 한다. 유튜브 영상을 보면 영상 하단에 조그맣게 표시된 조회수를 볼 수 있다. 우리는 흔히 그 숫자만큼의 사람들이 실제로 영상을 봤다고 판단한다. 그러나 여기에는 은밀한 로직이 숨어 있다. 지금 바로 그 얘기를 해보려고 한다. 완전한 이해를 돕기 위해 '애드뷰'와

'오거닉뷰'의 개념부터 알아보자.

애드뷰와 오거닉뷰

◇◇◇

애드뷰 Ad View

애드뷰는 기업의 마케터가 광고비를 지불해 획득한 조회수를 말한다. 즉, 마케터가 유튜브에 광고비를 내고 고객에게 Push 형태로 광고를 노출한 뒤 얻는 조회수이다. 예를 들어 유튜브에서 '5분 순삭'을 보려고 썸네일을 클릭했는데 갑자기 뿅 하고 나오는 광고 있지 않나. 이처럼 맥락 없는 이벤트는 나 같은 마케터가 만든 의도적인 상황이다. 특별히 악의가 있어서 그런 건 아닌데, 열심히 하려다 보니 결과적으로 그리 돼 버렸다. 이 자리를 빌려 심심한 사과를 드린다. 하지만 나 같이 돈을 쓰는 마케터 덕분에 인기 유튜버들이 풍요로운 환경에서 꿀잼 영상을 만든다고 봐주면 어떨까.

유튜브 광고 상품 중 가장 대표적인 스킵 광고(트루뷰 인스트림 광고)를 기준으로 조금 더 자세히 살펴보자(스킵 광고를 포함한 다양한 유튜브 광고 상품은 이후 등장하는 '마케터라면 알아야 할 유튜브 광고 상품 6가지'에서 소개한다). 이런 광고는 느닷없이 등장해 미녀 가수가 초특가라며 '야야야'라고 부르며 춤을 춘다거나 우리가 어떤 민족이냐며 닭을 튀기는 모습을 '하필' 공복에 보여준다. 적절한 타이밍에 등장한 중독적인 음악과 먹음직스런 음식에 눈과 귀를 현혹 당해 잠시 넋을

한국 Top10 개인 채널 순위(2020년 10월 19일 기준)

채널	카테고리	구독자 수(만 명)	연 수익 예측(억 원)	비고
서은이야기	엔터테인먼트	764	73.68	장난감·간식 리뷰
Jane ASMR	인물/블로그	996	61.5	음식 리뷰
토이몽TV	엔터테인먼트	780	36.84	장난감·놀이 리뷰
소닉토이	엔터테인먼트	663	33.84	장난감·놀이 리뷰
보람튜브	영화/애니메이션	675	21.78	장난감·간식 리뷰
MariAndKids	영화/애니메이션	672	21.66	놀이·체험 리뷰
JflaMusic	음악	1,630	14.58	가수 '제이플라' 채널
DuDuPopTOY	엔터테인먼트	928	6.36	장난감·놀이 리뷰
보람튜브 토이리뷰	인물/블로그	1,380	6.3	장난감·간식 리뷰
Nao FunFun	엔터테인먼트	1,110	0.1194	놀이·체험 리뷰

(출처: 녹스 인플루언서 및 매일경제)

놓으면, 30초가 쓱 하고 지나버리기도 한다. 바로 이 '결정적인 순간'에 애드뷰 조회수 1이 추가된다. 결정적인 순간이라는 표현을 한 건, 이 30초를 기점으로 애드뷰가 카운트되고 광고비가 과금되기 때문이다. 그러니까 만약 여러분이 30초 전에 스킵버튼을 무자비하게 누른다면 애드뷰 조회수도 올라가지 않고, 마케터가 구글에 광고비를 낼 필요도 없다.

따라서 애드뷰는 돈을 주고 구매한 조회수에 가깝다. 여기서 '가깝다'라고 표현한 이유는 5초 이후 남은 25초 동안 시청자들의 자발적인 시청 의지가 반영되기 때문이다. 즉 광고주가 시청자에게 광고

유튜브 스킵 광고(트루뷰 인스트림) 조회수 카운트 및 과금 구조

를 강제 노출하는 시간은 5초뿐이다. 그 후 고객은 언제든지 스킵버튼을 누를 수 있다. 그러니 적어도 30초 이상 봤다면, 25초 이상은 본인의 '의지'로 시청했다는 의미가 된다. 결국 이 모든 걸 고려하면 이론상으로는 하루에 몇백만 뷰 조회수를 달성하는 것도 가능하다. 곳간에 있는 돈을 계속 풀기로 마음먹기만 한다면 말이다.

오거닉뷰Organic View

오거닉뷰는 애드뷰와는 달리 광고비를 쓰지 않은 상태에서 시청자가 자발적 의지로 광고를 본 조회수를 말한다. 이는 검색을 통해 해당 영상을 찾아봤거나, 연관 동영상으로 추천된 영상을 클릭해서 본 수치다. 어쨌든 노출에 강제성이 없다는 점에서 애드뷰와 결정적인 차이를 갖는다.

지금 이 시간에도 수많은 유튜버들은 자신의 영상이 유튜브 노출 알고리즘에 올라타길 원하고 있다. 1분에 500시간이 넘게 업로드[6]되고 있는 유튜브 생태계에서 노출되지 않는다는 건 존재하지 않는 영상이나 다를 바 없기 때문이다. 오거닉뷰는 바로 이런 수많은 유튜버들과의 경쟁 속에서 선택받은 수치이기도 하다.

이쯤에서 기업이 만든 콘텐츠의 애드뷰와 오거닉뷰의 비중은 얼마나 될지 궁금할 것이다. 단순 광고성 영상인지 브랜디드 콘텐츠인지, 연예인이 출연했는지 안 했는지 등에 따라 천차만별이긴 하지만, 보통 기업의 일반적인 광고 영상에서 오거닉뷰는 거의 없다고 보면 된다. 온갖 재미와 정보를 영혼까지 끌어모은 영상이라 할지라도 기업 채널에 업로드한 영상의 오거닉뷰 비중은 10% 미만이다. 아니, 고해성사하는 마음으로 고백하건대, 1% 미만이라고 하는 게 훨씬 더 현실에 가깝다(물론 오거닉뷰만으로 기업 채널을 운영하는 경우도 있다. 그럴 경우 오거닉뷰 비중은 100%다. 그렇지만 광고성 콘텐츠에 100만 뷰 이상의 조회수가 나타난다면 오거닉뷰는 결코 10%를 넘기기 어렵다).

다시 처음으로 돌아가 보자. 이제는 X팀장이 왜 자신 있게 조회수를 올리는 것이 어렵지 않다고 했는지 어렴풋이 이해가 될 것이다. B이사와 다른 임원들이 이야기 한 경쟁사 조회수는 대부분 애드뷰로 이루어진 것이다. 따라서 오직 조회수만 놓고 성과를 비교하고 판단하는 건 어리석은 일일 수 있다.

유튜브 조회수 산정 방식

이것만 봐도 OK

정리해보자. 애드뷰는 시청자에게 광고를 5초간 강제 노출한 후, 이 광고를 30초 이상 봤을 때 카운트되는 수치다. 반면에 오거닉뷰는 시청자가 해당 영상을 찾아서 자발적으로 시청했을 때 카운트되는 수치다. 그리고 유튜브 영상 하단에 나타나는 조회수는 애드뷰와 오거닉뷰를 합한 것이다. 여기서 중요한 것은 영상의 조회수가 몇이냐는 것보다 마케터로서 이러한 구조를 어떻게 활용할 것인지이다.

예컨대 짧은 시간에 많은 고객에게 전달되는 메시지를 원한다면 애드뷰 정책을 이용해 목표를 달성할 수 있다. 일종의 '현질'이라고 보면 된다. 물론 짜릿한 현질 뒤에 오는 혹독한 비용 청구서를 감당해야 하지만 말이다. 판은 유튜브가 깔아줬으니 그 판에서 춤을 추든 사랑하는 사람을 만나든 양껏 취하든 어떻게 활용할지는 온전히 우리들의 몫이다. 내가 유튜브에 대해 이렇게 이야기를 꺼내는 이유이기도 하고 말이다.

그렇다면 이 글 초반에 등장한 X팀장은 과연 회의실에서 무슨 말을 계속 했을까? 아마 애드뷰와 오거닉뷰에 대한 얘기를 했을 것이다. 그리고 "그럼 조회수가 아닌 무엇을 봐야 하나요?"라는 질문 세례를 받았을 것이다. X팀장은 이 난관을 어떻게 풀어 갈까? 이건 광고의 효율성과 효과성에 대한 내용이 이어져야 설명 가능한 부분이다. 매우 중요한 내용이지만 처음부터 등장하면 조금 어려울 수 있으니 〈4부. 데이터로 증명하는 성과 측정〉에서 차차 풀어가도록 하겠다.

덧붙여서 조회수는 이렇게 활용할 수도 있다. 경쟁사의 디지털 광고비 지출 내역을 파악하고, 어디에 얼마큼 힘을 쓰고 있는지를 추정하는 도구로 활용하는 것이다. 예를 들어 우리 회사의 조회 당 비용(CPV)을 그대로 적용해 경쟁사 영상에 대입하면 역으로 상대의 광고비 규모를 알 수 있고, 그들이 주력하고 있는 분야를 파악할 수도 있다. 또한 이런 식으로 경쟁사의 마케팅 규모와 방향성을 어느 정도 이해하며, 그에 대응하는 전략도 짤 수 있다.

🗒️ 3줄 요약

| 유튜브 조회수는 '애드뷰'와 '오거닉뷰'의 합.

| '애드뷰'는 돈을 주고 획득 가능하고, '오거닉뷰'는 고객이 자발적으로 찾아보게 해야함.

| 여기서 중요한 건, 애드뷰와 오거닉뷰가 돌아가는 구조를 알고 어떻게 활용할 것인지 전략을 짜는 것.

YouTube
Marketing Insight

관광공사 콘텐츠가
전부 거품이었다고?

애드뷰는 나쁜 것인가

2020년 한 해 가장 뜨거웠던 유튜브 콘텐츠 중 하나는 한국관광공사의 'Feel the Rhythm 시리즈'가 아닐까. 전통적이면서도 파격적인 댄스와 노래, 소개하는 장소마다 스며있는 한국의 멋까지, 그야말로 국뽕을 불끈불끈 차오르게 만드는 영상이었다. 그런데 해당 영상들의 조회수가 대부분 광고 덕분이라는 기사가 보도되었다. 무려 90%가 광고를 통해 달성한 조회수란다. 이른바 조회수 거품론이다. 해당 기사는 '단독'이라는 표현까지 사용하며 이것 참 보통일이 아님을 강조했다. 심지어 국민의 세금으로 이런 일을 했다며 관광공사의 지출이 도마 위에 올랐다. 유튜브 영상에 집행한 많은양의 광고비를 두고 이게 과연 옳은 것인가라는 일부 의견도 등장

한국관광공사의 Feel the Rhythm 시리즈의 한 장면.
(출처: 한국관광공사 유튜브 채널)

했다.

한번 생각해 보자. 과연 한국관광공사가 유튜브에 돈을 지불해 광고를 집행한 게 잘못된 행위일까? 절대 해서는 안 될 기만 행위일까?

이번 글에서 우리는 과연 유튜브 광고 집행이 '좋다, 나쁘다'의 가치판단을 할만 한 이야기인지 살펴보려고 한다. 또한 유튜브 광고 노출 알고리즘을 알아보고, 광고비를 집행하지 않으면 어떤 일이 일어나는지, 개인 유튜버들과 달리 기업 유튜브 채널이 조회수를 올리기

[단독] 3억뷰 '범내려온다' 조회수 90%가 세금덕

과하게 자극적인 기사와 해당 기사에 달린 '일부' 부정적인 댓글 반응.

어려운 이유는 무엇인지에 대해서도 이야기해보자.

분노의 원인은 유튜브 조회수

◇◇◇

사람들은 왜 이렇게 분노하는 것일까?

조회수가 가지고 있는 일종의 선입견 때문이다. 일반적으로 우리가 알고 있는 유튜브 조회수는 시청자들이 관심을 갖고 영상을 직접 찾아본 수치나 추천 영상 중 하나를 스스로 클릭한 수치를 뜻한다. 결국 시청자들의 자발적 선택이 반드시 포함되어 있다고 가정한다는 말이다. 그래서 조회수가 높으면 "우와, 이렇게 인기가 많은 거야?"라는 반응이 자연스럽다. 그렇지만 사실 조회수는 그게 다가 아니다. 우리는 앞에서 조회수는 애드뷰와 오거닉뷰의 합으로 계산된다는 걸 알았다. 우리 눈에 보이는 조회수는 오거닉뷰만으로 이루어지지 않는다.

물론 우리가 보는 개인 유튜브 영상의 99.9% 이상은 광고비를 별도로 집행하지 않은 영상이다. 그러니까 대다수의 영상은 '조회수＝오거닉뷰'라는 공식이 얼추 성립된다. 그렇지만 광고비를 태운 0.1%의 영상이 문제다. '조회수＝오거닉뷰'라는 우리의 직관을 벗어나기 때문이다.

대부분은 이 사실을 잘 알지 못한다. 그래서 누군가 돈을 지불해서 쉽게 조회수를 올렸다고 하면 탐탁지 않게 생각한다. 그것도 공기업이 그런 방법을 썼다면? 어쩐지 속은 느낌이 드는 것이다. 양 많은 과자를 사서 봉지를 뜯었더니 질소만 가득 채워 그럴듯하게 포장했다고 실망하게 되는 것과 비슷한 맥락이다.

유튜브 플랫폼의 재밌는 점은 개인 채널과 기업 채널이 동등한 위치에서 서로 경쟁한다는 것이다. 개인 유튜버들 중에서도 참신하고 흥미로운 채널은 조회수가 엄청나게 나온다. 그들은 애드뷰 하나 없이 팬을 모아 나갔다. 조회수가 1만이 되지 않았을 때부터 그를 잘 알아본 시청자들이 탄탄한 기반이 되어 주었기 때문이다. 어마무시한 구독자수와 조회수는 해당 유튜버의 영향력이 얼마나 대단한지, 영상이 얼마큼 재미있는지를 방증하는 보증수표와 같다. 그런데 어느 날 자고 일어나보니 기업 채널 영상의 조회수가 1천만이 되어 있다? 가만 보자, 이게 뭐지? 괜히 속은 기분이 드는 건 기분 탓일 거다.

기업 채널이 조회수를 높이기 어려운
3가지 이유

◇◇◇

그럼 기업 채널은 공정해보이지 않는 일을 왜 하는 걸까? 사실 기업 채널은 광고 집행 없이 고객에게 노출되기 매우 어려운 태생적 한계가 있다. 이를 살펴보면 기업 채널이 좀 달라 보일 수 있다.

첫째, 기업 채널은 불가피하게 영상 안에 세일즈 메시지를 녹여야 한다. 하다못해 기업 브랜드 슬로건이라도 넣어야 한다. 어쩔 땐 이걸 대체 누가 살까 싶은 옥장판의 성능도 언급해야 하며, 기업의 철학을 최대한 자연스럽게 보여줘야 할 때도 있다. 하지만 사람들이 이런 것들을 적극적으로 검색해서 찾아볼 리 없다.

둘째, 사람들이 이렇게 기업 채널 영상을 슬금슬금 회피하는 상황이 누적되면 유튜브 채널 평판 점수가 깎인다. 이는 당연히 노출 알고리즘에 영향을 미친다. 그러면 구글 AI는 "아, 이 채널은 고객들이 슬금슬금 피하네. 여기 영상들은 고객에게 많이 보여주지 말아야겠다"라고 판단한다. 결국 무슨 영상을 올리든 상대적으로 기본 노출수가 낮아지는 구조이다. 이런 악순환이 반복되면, 기업 채널 영상은 노출이 안될뿐더러 조회수도 올라가기 어려운 상황에 직면하고

만다.

셋째, 기업에겐 시간이 많지 않다. 당장 이번 달 매출 목표가 코앞인데, 꾸물거릴 시간이 어디 있을까. 물론 기업 채널 중에서도 긴 호흡으로, 오직 오거닉뷰로만 조회수를 모으는 경우도 있다. 구독자를 한 명 한 명 늘려가며 '우리 브랜드의 찐팬'을 모으는 것이다. 사실 이런 마케팅이야말로 현시대에 딱 들어맞고 제대로 된 마케팅 효과를 누릴 수 있다. 하지만 쉽지 않다.

회사 생활에선 항상 시간이라는 변수가 우릴 향해 윙크를 날린다. 당장 실적 목표도 있고, 다음달엔 브랜드 론칭 행사가 있는데 구독자를 한 명 두 명 모아서 이번 분기 매출 목표를 달성한다? 경영진에게 그깟 매출 목표는 쿨하게 잊자고 하면 될까? 몇 년쯤 걸리더라도 우리 브랜드의 진짜 팬들을 모으자고 한다면? 아마도 찐팬을 다 모으기도 전에 우리 자리가 없어질지도 모르겠다.

기업에게 '시간'은 매우 소중한 자원이다. 어쩌면 그 어떤 자원보다도 가장 소중할 수 있다. 짧은 시간 안에 더 많은 타깃 고객에게 메시지를 노출해야 하는 상황을 마주하는 것은 기업의 숙명이다. 따라서 기업은 시간이라는 자원을 자본으로 구매하는 방식을 선택한다. 광고비를 집행해 조회수와 구독자수를 높이는 것이다.

결국 이러한 이유들이 버무려져서, 기업은 광고 집행 없이 유튜브 영상을 올려놓고 무작정 조회수가 오르길 기다릴 수만은 없게 된다.

광고가 노출되는 알고리즘

◇◇◇

그렇다면 구글 AI는 어떤 로직으로 광고를 노출시킬까?

우리는 광고가 노출되는 원리를 알고 지금 유튜브라는 생태계에서 벌어지는 일들을 좀 더 확실하게 알아야 한다. 무슨 일이 벌어지고 있는지 알아야 활용 방안도 세우고, 광고 진행 여부를 결정할 수도 있다. 더불어 관광공사가 광고를 집행한 게 옳은지 그른지 판단하는 눈도 기를 수 있다. 유튜브 생태계 안에서 구글이 '광고'라는 슈퍼패스를 발행하는 기준을 자세히 들여다보자.

유튜브에 광고를 노출시킬 수 있는 자리(슬롯)는 한정적이다. 가능한 모든 자리에 광고를 노출시킬 수 있다면 좋겠지만, 그랬다가는 수많은 광고에 질려 시청자들이 유튜브를 떠날 것이다. 그래서 구글은 자사의 기준에 따라 적정한 양의 광고만 노출시킨다. 그렇다면 구글은 한정된 '유튜브 광고 슬롯'이라는 상품을 어떻게 판매할까?

간단히 말하면 입찰 방식을 이용한다. 하지만 이때 단순히 최고 입찰가를 제시한 마케터를 낙찰하지 않는다는 점이 포인트다. 그 대신 '품질평가 점수'와 'CPV(조회당 비용) 입찰가' 등을 조합한 광고 순위를 기준으로 낙찰한다. 조합이라는 표현을 쓴 건 구글에서 구체적인 계산식을 공개하고 있지 않기 때문인데, 그나마 앞선 두 가지가 광고 노출 순위와 양의 상관관계를 가지고 있다는 정도만 추정해볼 수 있다. 즉, 품질평가 점수가 높거나 CPV 입찰가가 높다면 광고 노출 순위가 올라갈 가능성 역시 높다는 말이다.

★표로 수식을 표시한 이유는 구체적인 산식이 공개되지 않아서다.
다만 두 가지 요소가 광고 순위와 양의 상관관계가 있다는 점만 추정해볼 수 있다.

'품질평가 점수'는 광고에 대한 잠재고객의 반응에 따라 달라진다. 예컨대 광고 조회율이 높다면 품질평가 점수가 높아진다. 반대로 품질평가 점수가 낮은데 광고를 노출해야 한다면, 입찰가를 높여야 한다.

여기서 잠깐, 구글이 대체 왜 이런 설계를 했을까 생각해볼 필요가 있다. 그들은 광고주에게 광고 슬롯을 판매하는 사업자다. 따라서 광고주가 최대한 많은 비용을 쓰길 원한다. 하지만 다른 한편으로는 일반 시청자들이 너무 많은 광고나 핵노잼 광고 때문에 플랫폼 자체를 떠나지 않길 바란다. 유튜브라는 플랫폼의 존폐를 위협하는 상황이 올 수도 있기 때문이다. 그래서 유튜브는 고객이 볼만 한 광고를 만들라는 무언의 압박을 광고주들에게 보낸다. 재미있으면서 흥미를 끌고, 궁금하면서도 엄청나게 몰입이 되는 광고를 말이다. 광고의 크리에이티브 영역이 굉장히 중요한 이유이다. 하지만 그게 다가 아니다. 크리에이티브가 조금 약하더라도 타겟팅을 잘하면 얘기가 달라진다. 핸드폰 구매를 고려하는 사람에게 핸드폰 광고를 하고, 영어 공부를 하고 싶은 사람에게 영어 학습 광고를 한다면, 광고는 소음이 아닌 중요한 정보가 될 수 있다. 그리고 이는 잠재고객들의 좋은 반응으로 이어지고, 품질평가 점수를 높인다.

결국 우리 광고를 노출시키기 위해서는 '어떤 광고를 만들어야 하는지'를 이해하고, 그 광고를 '누구에게 보여줘야 하는지' 정확하게 파악해야 한다.

광고 노출 알고리즘이 우리에게 주는 의미

- 어떤 광고를 만들어야 하나?
- 누구에게 우리 광고를 보여줘야 하나?

돈을 써서 조회수를 올리면 나쁜 걸까?

◇◇◇

앞서 광고가 고객의 눈앞에 노출되는 원리를 알아봤다. 광고주는 품질평가 점수도 잘 받아야 하고, 입찰가도 잘 제시해야 한다. 모든 과정을 통해 광고 순위를 잘 받는다면 일단 고객에게 광고를 노출할 기회를 얻는다. 그런데 여기서 끝이 아니다. 우리가 고객에게 광고를 보여줄 수 있는 시간은 기껏해야 5초 뿐이기 때문이다. 고객은 5초 이후부터 언제든지 스킵버튼을 눌러 광고를 떠날 수 있다. 30초가 되기 전에 떠나버린 고객들은 조회수로 카운트되지도 않고 말이다. 결국 돈을 써서 강제로 5초 동안 노출할 수는 있지만, 조회수를 강제로 올릴 수는 없다. 그렇기에 애드뷰로 올린 조회수라고 하더라도 무조건 돈 주고 긁어 모든 조회수라고 말하긴 어렵다. 적어도 30초 간은 볼 만한 영상이었다는 의미이니 말이다.

그렇다면 돈을 써서 조회수를 올린 관광공사 영상은 성공한 캠페인이 아닐까? 적어도 30초까지는 보고 싶은 영상이었고, 이슈화 됐다. 그리고 관광공사의 오거닉뷰는 총 조회수의 10% 수준이라고 한다. 총 조회수가 3억 뷰였다고 했으니까 그중 3천만 뷰는 순수하게 광고 없이 시청했다는 뜻이다. 절대 낮은 수치가 아니다. 1일 1시청이라는 말이 있을 정도로 인기를 끌었다는 말을 실감하게 하는 수치다.

광고 소재 특성에 따라 편차가 있긴 하지만, 국내에서 1천만 뷰가 넘는 광고 중 10%의 오거닉뷰를 달성한 사례는 거의 없다고 봐도 무방하다. 일부 아이돌 모델이 등장하는 광고는 해외 팬층이 대거 유입되면서 이례적인 일들이 발생하긴 하지만, 관광공사와 같은 홍보 영상에서 오거닉뷰 10%는 단연 역대급 성과라고 할 수 있다. 그러니까 한마디로 관광공사의 'Feel the Rhythm 시리즈'는 완전 대박이 터진 것이다.

이것만 봐도 OK

지금까지 한국관광공사의 Feel the Rhythm으로 점화된 유튜브 광고 논란을 살펴봤다. 물론 공기업이 해외 플랫폼인 유튜브에만 편중해 광고비를 집행한 것이 옳은 것이냐는 가치 판단은 남아 있다. 또한 그렇게 광고를 집행할 거면 외국인에게 해야지 왜 한국인에게 하느냐는 논란 역시 남아 있다. 충분히 논의가 필요한 부분이다. 하지만 이 글의 주제와는 벗어나는 이야기이므로 넘어가자. 우리가 집중할 것은 기업이 금액을 지불하고 광고를 집행할 수밖에 없는 유튜브 광고 생태계를 이해하고, 유튜브 광고 노출이 어떤 로직으로 움직이는지 아는 것이다.

그래서 지금까지 유튜브 광고 노출은 어떤 로직으로 운영되는지, 유튜브 기업 채널을 운영하면 어떤 어려움이 있는지 살펴봤다. 이제 우리는 광고를 집행하지 않는다면 기업 콘텐츠를 봐줄 사람은 세상에 많지 않을 거라는 당연하지만 부정하고 싶은 사실도 알았다.

물론 돈을 써서 조회수를 올리는 건 누가 못 하냐고 반문할 수 있다. 그렇지만 그 돈을 얼마나 효과적으로, 얼마나 효율적으로 쓰는지는 또 다른 문제다. 시간이라는 한정된 자원과 고객의 인지 탈환이라는 거대한 사명 앞에 마케터들의 선택지는 많지 않다.

조회수만 높은 캠페인이 성공한 캠페인이 아니듯, 마케터라면 어떤 방향성을 가지고 어떤 캠페인을 펼쳐야 성공한 캠페인인지 스스로 답을 찾아야 한다. 그렇지 않다면 관광공사에게 던졌던 물음을 다시 자신에게 던져야 할지도 모른다. "아니, 대체 왜 그렇게 광고비를 써? 차라리 가격이나 낮춰!" 우리는 이러한 비판에서 과연 자유로울 수 있을까? 아직 해야 할 일이 더 많이 남았음을 느낀다.

📋 3줄 요약

| 품질평가 점수와 CPV 입찰가 조합이 높은 기업이 '유튜브 광고 슬롯'을 낙찰 받음.

| 조회수로 카운트되었다는 것은 '적어도 30초는 볼만한 영상'이었다는 의미.

| 조회수에 매몰되지 말고, 어떤 결과가 성공적인 것인지 자신들만의 기준을 세워

야 함.

유튜브 '기업 브랜드 채널' 이건 꼭 알고 하세요

'광고' vs '콘텐츠'

어느 날 엘리베이터 앞에서 마주친 G실장이 말했다.

"M대리, 자네 유튜브 채널 운영한다고 했지?"

"네, 그렇긴 하죠. 요즘 조회수도 잘 나옵니다. 하하."

"그래? 그럼 잘됐네. 회사 영상도 직접 한번 만들어보지 그래? 요즘 유튜버들도 다 직접 하던데. 굳이 광고대행사를 쓸 필요가 있나 싶어. 예산 편성해줄 테니까 필요한 장비 같은 거 있으면 사고, 진행시켜."

"네…?"

M대리는 그날부터 부쩍 말수가 줄었다. 일단은 장비도 사고 사내에 촬영 공간도 만들고, 여차저차 제작 프로세스까지 만들었다. G실장 지시사항이라는 말에 일은 일사천리로 진행됐다. 그런데 무슨 영상을 만들어야 할까. 개인 채널을 운영하듯 기업의 브랜드 채널을 운영하면 고객 반응이 있긴 할까. 제작비는 그렇다 치더라도 광고 매체비도 써야 할 텐데 어떻게 다 설명해야 하나 머릿속이 복잡해졌다.

"잘 돼가?"

다시 엘리베이터에서 마주친 G실장이 아침인사를 건네며 묻는다. 얼마 전 슬쩍 올렸다가 반응이 전혀 없던 영상이 머릿속을 휙 스치고 지나간다. 시청자들의 눈높이도 높아지고, 유튜브에 재미있는 영상들이 얼마나 차고 넘치는데, 직원들이 어설프게 만든 영상이 잘 될 턱이 있을까. 뭐라고 말해야 할지 몰라 답답한 M대리의 고민은 더 깊어져 갔다.

광고와 콘텐츠를 구별해야 하는 이유

◇◇◇

기업이 유튜브 채널을 직접 운영하며 제작까지 하는 사례가 늘고 있다. 궁극적으로는 올바른 방향이며, 긍정적인 시그널이라고 생각한다. 기업 스스로 고객과 기민하게 소통하는 것은 어떤 기업에나 반드시 필요하다. 실제로 SNS를 통해 고객과 얼마나 적극적으로 소통하는지가 매출에 영향을 미친다는 연구 결과도 있다.[7]

그런데 우리 유튜브 채널의 정체성은 어떻게 가져갈 것인지, 어떤 영상을 만들어서 어떤 방식으로 고객과 커뮤니케이션을 해야 할지 명확한 방향성을 잡고 시작하는 곳이 과연 얼마나 있을까? 아마도 G실장과 M대리의 대화처럼 많은 것들을 생략했을 것이다. 문제는 덮어놓고 시작하면, 나중에 걷잡을 수 없는 상황이 몰아친다는 것이다. 이를 미연에 방지하려면 어떤 종류의 영상을 만들어야 할지 명확하게 정리해야 한다. 즉 업무를 지시한 사람과 명확한 합의를 이뤄야 한다는 말이다.

"유튜브 영상을 만들어 봐."라는 업무 지시를 받았다면, "예!" 하고서 카메라 레코드 버튼부터 누를 일이 아니다. 가장 먼저 방향성에 대해 이야기를 나누어야 한다. 콘텐츠 제작은 그다음이다. 전에 읽었던 책에서 부모님이 만약 이런 질문을 한다면 도망치라고 했던 기억이 있다. "이번에 우리 부부동반 모임에서 해외여행을 가려고 하는데, 어디가 좋을지 한번 찾아볼래?" 저자는 제시할 수 있는 선택지가 너무 많을뿐더러 광범위하다보니 결코 부모님을 만족시킬 수 없을 거라고 덧붙였다. 이런저런 실랑이 끝에 부모님께 화를 내고 있는 본인을 발견할 수 있다나.

그렇다면 어떻게 해야 할까? 그 책의 저자는 다음과 같이 범위를 좁혀서 정리하는 방법을 알려주었다. "일단 모임 멤버 분들과 상의하셔서 가고 싶은 '나라'와 '날짜'를 정하세요. 그럼 그때 제가 좋은 상품들을 종류별로 찾아 드릴게요."라고 말이다. 방향을 좁힌 후 최적의 선택지를 제시하면, 부모님을 만족시키는 효녀와 효자로 등극할 수 있다.

업무 역시 마찬가지다. 다양한 방향성을 모두 열어놓고 아무런 합의 없이 일단 일을 시작하면 결과는 뻔하다. 눈앞의 급한 불만 끄다가 성과 없이 끝날 가능성이 높다.

자, 이제 M대리가 가장 먼저 해야 할 일은 뭘까? 바로 G실장과 대화를 나누는 것이다. G실장에게 "생각하고 계시는 방향이 있으신가요?"라고 물어야 한다. 당연히 없을 테니 어떤 방향성이 있는지 몇 가지 안을 준비해서 G실장이 선택할 수 있도록 보고하면 더 좋다. 물론 M대리가 생각하는 최적의 방향성이 무엇인지 본인만의 관점도 명확히 있어야 한다. 거기다 설득력까지 겸비한다면 M대리도 프로일 잘러다.

그럼 M대리가 준비해야 할 유튜브 영상 제작의 방향성에는 어떤 것이 있을까? 유튜브 기업 브랜드 채널에 업로드되는 영상은 '광고 매체비 집행 여부'를 기준으로 크게 두 종류로 나뉜다. 하나는 광고 매체비를 쓰지 않는 '오거닉뷰 기반의 콘텐츠', 다른 하나는 광고매체비를 집행하는 '애드뷰 기반의 광고'다. 이는 유튜브 내에서 전혀 다른 메커니즘으로 고객에게 노출되므로 기능과 역할을 분명히 알고 나서 시작해야 한다.

만약 지금 콘텐츠 마케팅을 준비하고 있다면, 둘 중에 하나만 딱 찍어 방향을 정해도 반은 성공이다. 그런데 이 둘의 특징을 모두 갖는 영상이나 둘의 특징을 반반씩 갖는 하이브리드 영상 따위에 대한 애기가 회의에 등장한다면? 아이스 아메리카노와 뜨거운 아메리카노의 타협점인 미지근한 커피나 마시게 될 거다. 폭망이란 말이다.

먼저 유튜브 광고와 대비되는 '오거닉뷰 기반의 콘텐츠'를 살펴보자.

오거닉뷰 기반의 콘텐츠란?

말 그대로 광고 매체비를 집행하지 않는, 쉽게 말해 광고비를 쓰지 않는 콘텐츠다. 따라서 유튜브 상에서 유저에게 강제로 노출할 방법은 없다. 오로지 시청자가 직접 검색해서 찾아보게 하거나 추천 영상으로 뜨게 만들어야 한다. 그리고 유저의 호기심을 자극하는 강력한 썸네일을 만들어야 한다. 이 방향을 선택했다면, 일반적으로 유튜버들이 노출 알고리즘에 올라타기 위해 노력하는 것과 동일한 전략을 취하면 된다. 예컨대 요즘 뜨는 키워드가 어떤 것인지 확인하고 시의적절한 콘텐츠를 만드는 식이다.

고객이 흥미를 갖고 찾아보게 하려면 '재미'가 있거나, 도움이 되는 '정보'가 있거나 둘 중 하나는 확실히 있어야 한다. 둘 다 없다면 열심히 만든 영상의 조회수가 125 정도에 머물러 있는 처참한 현실을 마주할 것이다. 물론 125 중에는 일주일간 아침저녁으로 여러분이 클릭한 수치와 여러분의 팀장님이 클릭한 수치, 그리고 누군가가 실수로 클릭한 수치가 포함되어 있을 것이다. 어쨌든 광고비가 안 든다는 장점 때문에 많은 관리자들이 선호하는 방식이다. 그런데 어느

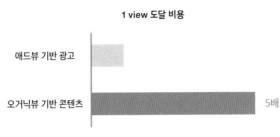

1 view 도달 비용

애드뷰 기반 광고

오거닉뷰 기반 콘텐츠   5배

예상과는 달리 오거닉뷰 기반 콘텐츠라고 해서 도달 비용이 싼 건 아니다.
(총 예산 10억 기준, 애드뷰 매체비와 제작비는 1:1 가정, 1년 운영 시뮬레이션 사례)

날 문득 이런 말을 듣는다면 얘기는 달라진다.

"이번 영상은 바이럴될 수 있게 좀 해봐. 고객들이 막 찾아보고,
여기저기 퍼나르게. 알겠지?"

가슴이 답답해지면서 얼굴이 달아오른다면 당신은 이미 뭘 좀 아
는 마케터다. 현실적으로 고객이 우리 광고를 자발적으로 찾아보게
하고 퍼나르게 만들겠다는 건, 플레이스테이션에서 그란투리스모(레
이싱 게임) 좀 했다고 실제 F1경기에 출진하겠다고 벼르는 것이나 다
름없다. 죽지나 않으면 다행이다.

참고로 반드시 알아야 할 점은 '오거닉뷰 기반의 콘텐츠' 운영 비
용이 결코 저렴하지 않다는 점이다. 최근에 몇몇 케이스를 토대로 비
용 효율성을 비교해본 적이 있다. 결과적으로 한 명의 고객에게 도달
하기 위한 '오거닉뷰 기반의 콘텐츠'의 비용이 광고보다 약 5~6배 가
량 더 비싼 것으로 나타났다. 그만큼 고객이 자발적으로 우리 콘텐

츠를 시청하게 만드는 일이 어렵다는 것을 증명한다.

물론 광고를 통해 도달한 고객 한 명과 직접 검색해서 찾아온 고객 한 명을 똑같은 한 명이라고 가정했다는 한계가 있다. 시청 몰입 관점에서 분명한 질적 차이가 있을 테니 말이다. 또한 전체 예산 규모, 크리에이티브 구성 방식, 타깃고객 특성에 따라 결과값은 달라질 수 있다. 그렇지만 핵심은 오거닉뷰 기반 콘텐츠의 인당 도달 비용이 결코 싸지만은 않다는 점이다. 이쯤 되면 우리가 콘텐츠 마케팅을 하는 이유가 무엇인지 생각해보게 된다.

물론 우리 영상을 직접 찾아보는 팬을 만든다면 브랜드 마케터로서 이보다 더 좋은 일은 없다. 한 명 한 명 팬심을 모아 널리 세상을 이롭게(?) 만드는 날이 오면 거리에 모인 모든 이들이 우리 브랜드를 외치며 행복해하는 날이 올지도 모르겠다. 그렇지만 이런 전략은 시간이 아주 많이 걸린다. 하다못해 BTS도 세상이 알아주기까지 몇 년이 걸렸다. 심지어 BTS가 했던 방식을 그대로 복붙해서 차근차근 과정을 밟아가는 신인그룹이 있다고 하더라도 성공 여부는 아무도 알 수 없다.

게다가 특정 시점에 우리 브랜드를 알려야 하고, 분기별 매출 마감을 해야 하는 직장인들에겐 길고 긴 시간을 견딜 힘이 없다. 더군다나 실적으로 스스로를 증명해야 하는 경영진의 시각에서 본다면, 지금 당장 시장에 파급력을 줄 수 없는 것들은 '뭣이 중헌디?'라는 말이 나올 수밖에 없다.

결국 오거닉뷰 기반의 콘텐츠는 '유저를 어떻게 매료시킬(Pull) 것인가'에 대한 고민으로 귀결될 수밖에 없다.

애드뷰 기반의 광고란?

위 문제를 해결하기 위해 기업이 선택할 수 있는 다음 선택지는 광고 매체비를 집행하는 방식이다. 이렇게 한다면 과정이야 어찌 됐든 고객 눈앞에 원하는 메시지를 재생할 수 있다. 심지어 5초라는 시간 동안 고객은 스킵도 할 수 없다. 적어도 그 시간만큼은 꼼짝없이 내가 만든 광고를 봐야 하므로 가끔 고객의 시간을 볼모로 잡은 악당이 된 기분이 들기도 한다.

물론 일방적인 메시지 전달은 5초 후 과감한 스킵을 당하기 십상이니, 어떻게 하면 우리 메시지를 거부감 없이 전달할 수 있을지 고민해야 한다. 그래서 말인데 사실 마케터는 악당보단 약자에 가깝다. 청승맞게 비를 맞으며 잠깐만 내 얘기를 들어달라고 애원하는 사랑꾼의 모습이 그려진다. 상대방은 쌩 하고 지나쳐 가버리지만 말이다.

애드뷰 기반 광고는 상대적으로 짧은 시간 동안 많은 이들에게 노출할 수 있다는 엄청난 강점이 있다. 메시지 구성 또한 우리 마음대로, 하고 싶은 말을 짧고 강렬하게 남길 수 있다. 따라서 콘텐츠 자체의 매력도 중요하지만 어떤 메시지를 남길 것인가를 더욱 고민해야 한다. 이는 브랜드를 새로 론칭했거나 신규 상품을 출시해서 짧은 시간 동안 많은 이들에게 브랜드를 알려야 할 때 효과적이다. 광고비가 충분히 있다는 가정하에, 타깃고객 60%에게 3회씩 우리의 신규 브랜드 명칭과 이미지를 노출할 수 있다. 적어도 우리가 누구인지 알리는 데 효율적이다. 심지어 구글의 디테일한 타겟팅을 통해 우리가 예측한 잠재고객에게 우리의 존재를 확실히 알릴 수도 있다.

한 가지 명심해야 할 점은, 강제 노출된 광고를 고객이 호의적으로 받아들이기가 쉽지 않다는 것이다. 안타까운 말이지만 광고는 기본적으로 공해에 가깝다. 내가 보고 싶은 영상을 클릭했는데, 뜬금없이 5G의 엣지클라우드가 얼마나 효율적인 시스템인지 설명하는 내용을 달가워할 사람은 그리 많지 않다. 그러다 보니 지속적인 노출은 오히려 독이 될 수 있다. 앞서 마케터를 사랑꾼으로 비유했는데, 애원이 지나치면 사랑꾼도 스토커로 보이기 마련이다. 그 결과가 어떨지 생각만 해도 아찔하다.

결국 유튜브 광고는 '어떤 메시지를 어떻게 전할 것인가'에 대한 고민으로 귀결된다.

이것만 봐도 OK

'오거닉뷰 기반의 콘텐츠'는 메시지를 자연스럽게 녹일 수 있고, 우리 브랜드의 진짜 팬을 모을 수 있지만 시간이 오래 걸린다. 흥행에 대한 100% 보장도 없다. 그리고 광고비가 들지 않을 뿐이지, 인당 도달 비용을 계산하면 결코 적은 비용도 아니다.

반면에 '애드뷰 기반의 광고'는 빠르고 강력하지만, 비용이라는 부담과 고객 거부감을 유발할 수 있다. 때문에 콘텐츠냐 광고냐는 결국 좋다, 나쁘다의 문제로 나눌 수 없고, 각자의 상황과 목적에 맞게 선택하면 그만이다. 그저 태생부터 다른 둘의 특성을 알고 적절히 활용하는 것을 목표로 삼아야 한다.

M대리의 이야기로 다시 돌아가보자. 결국 M대리는 무엇을 만들어야 할까. 광고냐 콘텐츠냐보다 더 중요한 것은 바로 우리 브랜드를 위해 지금 필요한 게 무엇인지, 우리가 가진 자원과 상황은 어떤 것인지 분석하고 고민하는 일이다. 문제 상황을 명확히 진단해야 솔루션을 찾을 수 있으며, 그 고민 속에서 '전략'이 나온다. 그 후에 광고라면 누구에게 어떤 형태로 전할 것인지, 콘텐츠라면 어떤 매력을 담아야 할 것인지 고민해봐야 한다. 물론 M대리 혼자 할 수는 없는 일이다. 팀원 모두가 머리를 싸매고 함께 해야 하는 일이다.

전략이란 결국 선택의 과정이다. 우리는 어떤 선택이 가장 최선의 선택이 될 수 있을지 100%의 정답을 알 수는 없다. 그러나 나만의 기준은 가지고 있어야 한다. 그것이 바로 우리가 광고와 콘텐츠의 특성을 공부하고, 영상과 채널의 정체성을 고민하는 이유다.

📋 3줄 요약

│ **콘텐츠 기획의 시작**은 명확한 방향성 설정!

│ **오거닉뷰 기반의 콘텐츠** = 우리 브랜드의 찐팬을 모을 수 있으나 시간이 오래 걸림.

│ **애드뷰 기반의 광고** = 짧은 시간에 많은 이들에게 노출 가능하나 광고비가 들고 고객 거부감 발생 가능.

마케터라면 알아야 할
유튜브 광고 상품 6가지

마케터를 위한 유튜브 광고 대표 상품 총정리

애드뷰 기반의 광고를 해야겠다고 마음먹은 마케터가 있다면, 이번 글에 집중하길 바란다. 이번에는 유튜브에 과연 어떤 광고 상품이 있는지 쭉 펼쳐 놓고 함께 살펴볼 것이다. 각각의 상품들은 언제, 어떻게 써야 하는지, 이걸 쓰면 어떤 효과를 기대할 수 있을지를 알아야 불필요한 지출 없이 원하는 결과에 가까워질 수 있다. 각 광고 상품들의 특징을 떠올리며, 우리 브랜드는 어떤 광고 상품으로 예쁘게 포장할 수 있을지 상상해보자.

유튜브 광고 상품 6가지

스킵 광고_{Trueview Instream}

유튜브 공식 사이트 구글 애즈Google Ads에선 '건너뛸 수 있는 동영상 광고'라고 한글 표기를 하지만, 이 글에선 편의상 '스킵 광고'라고 하겠다. 영문 명칭은 'Trueview Instream'인데, 말 그대로 30초 이상의 진짜 시청(True view)을 목적으로 한다. 시청자가 유튜브 영상을 볼 때, 영상 전후 또는 중간에 재생되는 광고다. 5초간 스킵할 수 없으며, 5초가 지난 후부터 스킵할 수 있다. 유튜브를 이용하는 유저들이 아마도 가장 많이 접하는 광고일 것이다.

게재할 수 있는 광고의 길이(러닝타임) 제한이 없다는 점에서 상당히 매력적이다. 광고가 점점 콘텐츠화되는 세상에서 다양한 시도를 가능하게 하기 때문이다. 게다가 시청자가 30초 이상 시청하지 않고 스킵해버린다면 광고비를 내지 않아도 되는 파격적인 과금 방식을

스킵 광고 예시(5초 후 광고 스킵 가능)

선택할 수 있다. 쉽게 말해 30초까지는 공짜로 광고 노출을 할 수 있는 것이다.

물론 30초 이내에 스킵하는 고객이 많다면, 그만큼 우리 광고의 매력이 떨어진다는 말이 된다. 이는 조회율VTR이라는 지표로 측정해 볼 수 있다. 이 지표를 이용하면 시장 평균치 또는 자사의 타 영상과 비교해 현재 영상의 매력도 역시 가늠할 수 있다. 만약 조회율을 높이고 싶다면, 광고 도입부에서 고객의 호기심과 흥미를 자극해야 한다. 즉 영상을 오래도록 시청할 유인 동기를 마련해야 한다는 소리다.

조회율의 시장 평균치는 약 20~30%로, 10명 중 7~8명이 30초 이내에 빠져나가는 것으로 알려져 있다. 30초를 붙잡기가 그리 만만한 일이 아니다.

스킵 광고 평균 성과 추정치8

- CPV[조회당 비용] 30~40원
- VTR[조회율] 20~30%
- CTR[클릭률] 0.1~0.2%
- CPM[1,000회 노출당 비용] 10,000~15,000원

범퍼 광고Bumper Ad

범퍼 광고 역시 스킵 광고와 게재 위치는 동일하다. 영상 시청 전후 또는 중간이다. 그러나 게재할 수 있는 광고의 길이가 6초 이하여

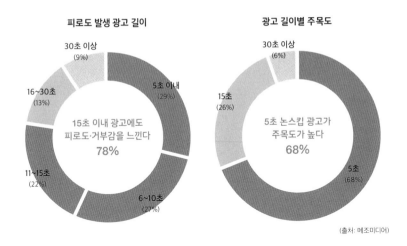

피로도 발생 광고 길이

30초 이상
(9%)

16~30초
(13%)

5초 이내
(29%)

15초 이내 광고에도
피로도·거부감을 느낀다
78%

11~15초
(22%)

6~10초
(27%)

광고 길이별 주목도

30초 이상
(6%)

15초
(26%)

5초 논스킵 광고가
주목도가 높다
68%

5초
(68%)

(출처: 메조미디어)

야 한다는 점이 다르다. 물론 6초 동안 스킵할 수 없다. 따라서 짧고 임팩트 있는 메시지를 통해 고객 인지도를 높여야 하는 광고 집행에 적합한 상품이다. 통상 신규 브랜드나 신규 상품 론칭시 인지도 확보를 위해 사용한다.

과금은 광고가 노출될 때마다 된다. 잠깐, 여기서 눈치 빠른 독자라면 한 가지 이상한 점을 느꼈을지도 모르겠다. 앞서 소개한 '스킵 광고'의 과금 방식을 기억하는가? 스킵 광고는 30초 시청 시점부터 과금된다. 게다가 5초 동안은 스킵할 수도 없다. 이런 상황에서 굳이 6초짜리 과금 상품을 선택할 필요가 있을지 의문이 들 수도 있다. 흥미로운 것은 범퍼 광고의 효과가 스킵 광고 효과보다 결코 떨어지지 않는다는 점이다.

구글에서 글로벌 캠페인을 분석한 결과, 범퍼 광고를 사용하는 캠페인의 약 90%에서 광고 회상도가 크게 증가했다.[9] 또한 범퍼 광고가 30초짜리 스킵 광고보다 회상도는 107%, 구매의도는 134% 증가한 것으로 나타났다.[10] 이는 짧은 광고일수록 오히려 파급력이 클 수 있음을 방증하는 사례다. 고객은 광고가 짧을수록 긍정적 태도를 형성한다는 조사도 있다.[11]

무조건 길게 노출한다고 좋은 게 아닌 것처럼, 광고 상품은 전략에 따라 최적안을 찾는 게 중요하다. '굳이 6초짜리 광고를 해야 하나?'라고 묻는다면 목적에 따라 선택적으로 활용하라고 말하고 싶다. 고객 구매 여정 중, 어퍼 퍼널Upper Funnel(우리 브랜드, 상품을 이제 막 인지하는 단계)에 있는 고객에게 짧고 간결하게 우리 브랜드나 상품을 알려야겠다면, 범퍼 광고로 긍정적인 효과를 기대해 볼 수 있다. 그러나 미드 퍼널Mid Funnel(우리 브랜드, 상품을 어느 정도 알고 구매를 고려하는 단계)에 있는 고객에게 뭔가를 설명해야 하는 상황이거나 구매고려, 호감 형성 등이 목적이라면 조금 더 긴 호흡으로 자세한 이야기를 할 수 있는 광고 상품을 고려하는 것이 좋다.

범퍼 광고 평균 성과 추정치[12]

- CPM(1,000회 노출당 비용) 3,000~4,000원
- CTR(클릭률) 0.05~0.1%

트루뷰 디스커버리 광고 예시(영상 시청 페이지, 검색 결과에 노출)

트루뷰 디스커버리 광고Trueview Discovery

트루뷰 디스커버리 광고는 홈피드, 검색 결과, 추천 영상, 영상 시청 페이지 영역 등에 썸네일 형태로 나타난다. 엄지 손가락으로 유튜브 피드를 휙휙 넘길 때 피드 중간중간 새치처럼 숨어 있는 광고라고 생각하면 된다. '광고' 표시가 있긴 하지만, 마치 내가 찾고 있는 영상 중 하나인 듯한 묘한 착각을 불러일으킨다. 광고를 질색하며 스킵버튼을 찾는 새침한 고객을 떠올리면, 매력적인 상품이 아닐 수 없다.

유튜브가 점점 검색사이트로 기능하고 있는 것을 고려하면, 검색 결과의 일부로 당당히 등장한다는 점 역시 매력적이다. 더구나 무언가를 구매하려는 고객 중 50%가 유튜브로 정보를 검색한다는 통계[13]는 더 의미 있게 다가온다. 구매를 위해 적극적으로 정보를 찾는 고객에게, 트루뷰 디스커버리 광고는 그냥 광고가 아니라 또 하나의 의미 있는 정보가 될 수 있으니 말이다.

트루뷰 디스커버리 광고 평균 성과 추정치[14]

- CPV(1뷰당 비용) 60~70원
- VTR(조회율) 1~2%
- CPM(1,000회 노출당 비용) 500~2,000원

트루뷰 포 액션 광고Trueview for Action

트루뷰 포 액션 광고는 이름처럼 '액션'을 유도하는 광고 상품이다. 기본적인 광고 형태나 게재 위치는 스킵 광고와 동일하지만, 광고 종료 후 화면 한가운데 팝업 형태의 '엔드 카드'버튼이 생성된다는 점이 가장 큰 특징이다. '클릭 유도 문안CTA' 및 제목 텍스트 오버레이 등을 함께 사용할 경우 클릭률을 더 높일 수 있다. 고객 구매 여정 중 로 퍼널Low Funnel(우리 브랜드, 상품을 잘 알고 있고 구매하려는 단계)에 있는 고객에게 사용하기 적합하다.

어쩐지 보고 있으면 뭐라도 클릭해야 할 것 같은 기분이 드는 광고다. 만약 마케터의 의도대로 고객이 클릭한다면 사전에 세팅된 페이지로 연결된다. 보통 판매 사이트나 체험 신청 사이트로 연결되는

❶ 클릭 유도 문안 (CTA Extension)
❷ 엔드 카드(End Card)

트루뷰 포 액션 광고 예시

데, 사실 이런 액션을 이끌어 내기가 진짜 쉽지 않다. 때문에 고관여 상품(가격이 비싸거나 중요한 의미가 있어, 구입에 시간과 노력이 많이 드는 상품)을 직접 판매하는 방식은 추천하지 않는다. 대신 체험이나 상담 신청을 유도하는 방식으로 활용할 수 있다.

최근 콘텐츠 마케팅을 주제로 외부 강의를 할 기회가 있었는데, 참석한 마케터 두 분이 이 광고 효과를 톡톡히 봤다고 했다. 효과가 좋아 지속적으로 트루뷰 포 액션 광고를 집행할 계획이란다. 광고한 상품 중 하나는 뷰티 상품이었고, 다른 하나는 온라인 영어교육 상품이었다. 영어교육 상품은 온라인을 통해 바로 가입이 가능하고, 온라인에서 소비되는 상품이라는 점이 유리하게 작용했을 것이다. 이는 넷플릭스같은 OTT서비스나 게임 서비스에도 적용할 수 있다. 또한 즉시 구매해도 부담이 없는 저관여 상품에도 적용해볼 만하다.

트루뷰 포 액션 광고는 더 주목해야 한다. 실제 판매나 앱 다운로드 등 고객의 구체적인 액션을 이끌 수 있다는 점, 매출과 직접 연결 되다는 점 등이 있어 앞으로 더욱 많은 마케터들이 사용할 전망이기 때문이다. 이런 점 때문에 투자수익ROI을 측정하기도 용이하다. 광고 비용으로 100만원을 쓰고 나면, 매출이 얼마나 늘어났는지 명확한 값이 나오기 때문이다. 범퍼 광고나 스킵 광고를 통해 브랜드 인지도 가 5% 상승했다고 말하는 것보다 훨씬 더 손에 잡히는 결과물이다. 마케터 뿐만 아니라 경영진에게도 매력적으로 느껴질 광고다. 앞으 로 이 상품을 어떻게 활용하는지에 따라 마케팅 퍼포먼스가 달라지 는 상황이 올 것이다.

트루뷰 포 액션 광고 평균 성과 추정치[15]

- CTR(클릭률): 0.3~0.6%
- VTR(조회율): 10~17%
- CPV(1뷰당 비용): 50~80원

논스킵 광고Non-skippable Ad

구글 애즈에선 '건너뛸 수 없는 동영상 광고'라고 부르고 있다. 이 글에선 편의상 '논스킵 광고'라고 하겠다. 앞서 설명한 스킵 광고와 마찬가지로 영상 시청 전후 또는 중간에 재생된다. 그러나 15초 동안 스킵할 수 없다는 점이 다르다. 게재할 수 있는 광고 영상의 길이 또 한 15초 이내로 제한된다. 앞의 광고가 사실상 길이 제한이 없다는 점과 크게 비교되는 부분이다.

논스킵 광고 예시

광고주 입장에서는 성심성의를 다해 만든 광고가 스킵되지 않고 고객 눈앞에 강제로 재생된다는 점이 상당히 만족스럽다. 꼼짝 못하고 우리 광고를 보게 될 시청자를 생각하면 절로 미소를 짓게 된다. 이런 광고는 흥미로운 구성이 어렵거나, 브랜드나 슬로건을 반드시 각인해야 하는 경우에 써 봄 직하다. 또한 신규 브랜드나 신규 상품을 론칭했을 때 인지도를 높이기 위한 목적으로 사용할 수 있다.

문제는 15초 동안 스킵할 수 없다는 점이 유저에게 상당한 부담으로 다가온다는 점이다. 한 조사에 따르면 논스킵 광고에 대한 고객의 선호도는 조사를 진행한 6개의 광고 상품 중 가장 떨어지는 것으로 나타났다.[16] 보기 싫은데 억지로 보여주면 오히려 역효과가 나타난다는 의미다. 논스킵 광고를 집행할 때 훨씬 신중해야 하는 이유다.

마스트헤드 광고 예시 (홈화면 최상단 위치)

마스트헤드 광고Masthead

마스트헤드 광고는 유튜브 홈화면 최상단에 노출되는 광고 상품이다. 목표로 하는 타깃이 유튜브에 접속했을 때 가장 먼저 눈에 띄는 부분에 광고를 노출할 수 있다는 장점이 있다. 단기간에 인지도를 높이기 위한 목적으로 사용된다. 2020년까지 일 단위 벌크 판매(Cost Per Daily, 24시간 단위 구매) 방식이었는데, 2021년부터 CPM 방식(1,000회 노출당 과금)으로 바뀌었다. 덕분에 원하는 타깃에만 광고를 노출할 수 있다.

사실 모바일 홈화면에 노출되는 방식만 놓고 본다면, 마스트헤드 광고와 트루뷰 디스커버리 광고의 차이가 크지 않다. 어플리케이션 최초 구동시 피드의 최상단에 등장하느냐 아니냐, 그리고 클릭 유도 문구가 있느냐 없느냐 정도의 차이가 있을 뿐이다. 과금 방식이 달라 직접 비교는 어렵지만 단순 노출 기준으로 환산하면 트루뷰 디스커버리 광고가 훨씬 더 저렴하다.

마스트헤드 광고 평균 성과 추정치[17]

- CTR[클릭률]: PC 0.2% / Mobile 0.4~0.6%
- 과금 방식: CPM[1,000회 노출당 과금, 최소 3,000만원 집행]

각 상품을 조금 더 야무지게 사용하려면

◇◇◇

마케팅 퍼널 고려하기

지금까지 가장 기본적인 유튜브 광고 상품 6가지를 알아봤다. 많이 쓰이고 익숙한 상품부터 설명했는데, 사실 각 상품들은 목적에 따라 3가지로 분류할 수도 있다. 인지가 목적인 어퍼 퍼널Upper Funnel 상품, 구매 고려가 목적인 미드 퍼널Mid Funnel 상품, 직접적인 구매 전환이 목적인 로 퍼널Low Funnel 상품이 바로 그것이다.

각 단계에 맞는 상품들을 다음 페이지에 한눈에 볼 수 있게 정리했다. 다시 한번 상품들의 종류를 확인해보고, 진행하고자 하는 캠페인의 목적에 따라 선택적으로 활용하길 바란다.

상품별 믹스

우리는 이제 유튜브 광고 상품 각각의 특징을 알고, 언제, 어떤 목적에 따라 사용해야 하는지 이해하게 됐다. 그런데 캠페인 진행시 한

마케팅 퍼널별 유튜브 광고 상품

		스킵광고	범퍼광고	디스커버리	트루뷰포액션	논스킵광고	마스트헤드
어퍼 퍼널	인지	●	●			●	●
미드 퍼널	고려	●		●			
로 퍼널	구매				●		

가지 상품으로만 구성하는 것보다 상품을 적절히 믹스하는 것이 더 효과적이라는 실험 결과가 있다. 특히 광고 회상도 면에서 그렇다. 해당 가설을 검증하기 위해 다음과 같이 진행된 실험[18]이었는데 그 결과가 흥미롭다. A고객군에는 범퍼 광고와 스킵 광고를 믹스해 노출시키고, B고객군에는 스킵 광고만 노출시켰다. 그리고 리마케팅을 진행했더니 A고객군에서 더 좋은 효과가 나타난 것이다. A고객군 중 30초 전에 스킵한 고객들의 광고 회상도는 42% 증가했고, 30초 이상 시청한 고객들의 광고 회상도는 무려 104% 증가했다. 결론적으로 두 가지 상품을 혼합해 노출했을 때 고객들이 광고를 더 잘 기억했다. 이거 참 의미도 있으면서 실전에 꼭 적용해보고 싶은 결과다. 그런데 이쯤에서 의문이 든다.

"그렇다면 어떤 상품을 각각 얼마의 비중으로 집행해야 하지?"

여기까지 생각했다면 당신은 상당히 예리한 마케터다. 그리고 아마도 실무를 하며 상품 믹스에 대해서 많은 고민을 했을 수도 있다. 매체 믹스와 상품 믹스는 마케터들의 오랜 숙제이자 고민거리다. 내가 대학교에 다니던 옛날 옛적에도 '미디어 플래닝'이란 과목에서 '최적값을 도출하시오'라는 문제를 풀었던 기억이 있다. 내가 무슨 나사의 공학자도 아니고 이런 불안전한 정보로 어떻게 최적값을 도출하냐고 이를 갈면서 문제를 푼 기억이 난다.

사실 이런 믹스 최적값은 종합광고대행사나 전문 조사 업체의 도움을 받아 시뮬레이션을 통해 구할 수 있다. 하지만 비용과 시간이 많이 든다는 단점이 있다. 따라서 조금 불안전하더라도 약식으로 빠르게 적용할 수 있는 툴을 활용할 수도 있다. 구글 애즈에서 제공하는 '도달 범위 플래너'라는 것인데, 목표를 '도달(광고 게재)'로 셋팅하면, 상품간 비중을 계산할 수 있다. 물론 단순 도달을 목표로 하면, 주로 범퍼 광고를 높은 비중으로 제안한다는 한계가 있다. 대신 각 상품별 예산 가이드를 두고, 해당값을 상품별로 입력하며 최적값을 찾을 수도 있다.

구글 애즈에서 제공하는 '도달 범위 플래너'

- 예산, 타깃, 광고 상품을 입력하면 도달 범위와 상품별 비중을 알려준다.
- Google Ads ▶ 로그인 ▶ 도구 및 설정 ▶ 도달 범위 플래너 ▶ 예산, 타깃, 상품 설정 ▶ 실행 후 도달 범위 및 빈도를 확인 할 수 있다.

  (단, 광고 집행 이력이 있는 계정에서만 도달 범위 플래너를 사용할 수 있다)

 이것만 봐도 OK

유튜브 광고에서 가장 기본이 되는 6가지 상품에 대해 알아봤다. 각 상품들은 마케팅 퍼널별로 위치할 수 있는 곳이 다르다. 상품별로 기능과 목적이 다르다는 말이다. 따라서 각 상품들은 우리 캠페인의 목적이 무엇이냐에 따라 다르게 사용할 수 있다. 예컨대 캠페인의 목적이 신규 상품을 알리고 브랜드를 '인지'시키는 것이라면, 범퍼 광고나 논스킵 광고가 유리하다. 그리고 목적이 미드 퍼널인 '고려' 단계에 있다면 진짜 시청(True view)을 이끌 수 있는 스킵 광고나 디스커버리 광고가 유리하다.

물론 상품들이 시너지를 낼 수 있도록 여러 상품을 믹스해 사용하길 추천한다. 특히 범퍼 광고와 스킵 광고를 믹스한 경우, 광고 회상도 면에서 큰 효과가 있었다. 우리가 모든 광고 상품의 결과를 예측해 완벽하게 구성할 수는 없지만, 각 상품들의 특징을 자세하게 알수록 효과는 전혀 달라질 수 있다. 아무쪼록 여러분들의 캠페인에 다채로운 상품이 꽃필 수 있길 응원한다.

📋 3줄 요약

| 유튜브에는 스킵, 범퍼, 트루뷰 디스커버리, 트루뷰 포 액션, 논스킵, 마스트헤드 등의 대표적인 광고 상품이 있음.

| 3가지 마케팅 퍼널인 어퍼 퍼널, 미드 퍼널, 로 퍼널별로 광고 상품 고려가 필요.

| 여러 상품을 믹스해 사용하면 광고 회상도가 더 상승할 수 있음.

브랜드 콘텐츠가 디지털 놀이터가 되려면 1

'Y드립 시네마' 캠페인 사례

▶ 해당 콘텐츠를 찾아보려면 유튜브에서 'Y드립 시네마'를 검색하세요.

새로운 시도를 통해 고객의 참여를 이끌어 내고 이슈화에 성공시킨 프로젝트를 소개하고자 한다. 바로 'Y드립 시네마' 캠페인이다. 마케터로서 여러 캠페인을 담당해왔지만 이렇게 많은 좋아요와 댓글을 받아본 건 처음이었다. 대체 어떤 점이 프로젝트의 성공 요소로 작용했는지 기획 단계부터 함께 살펴보자.

참여하고 싶은 광고를 만들 수는 없을까?

다들 공감하겠지만, 유튜브 광고란 스킵을 부르는 귀찮은 존재일 뿐이다. 그래서 그런지 업계 최대 화두는 '어떻게 하면 광고를 광고처럼 보이지 않게 할 수 있을까?'였다. 우리 팀 역시 마찬가지였다. 어떻게 해야 조금 다르게 보일지, 어떻게 해야 스킵을 안 당할지에 대한 고민을 삼시 세끼 챙겨 먹듯 꼬박꼬박 하고 있었다.

그러던 중 MZ세대들의 댓글 놀이에 주목하게 됐다. 영상보다 댓글이 재미있는 경우도 많고, 베댓(베스트 댓글)이 되기 위해 성심성의껏 댓글을 달기도 했다. 오직 재미를 위해 치열하게 고민한 흔적이 묻어 있는 댓글을 볼 때면, '댓글 학원'이 있는 건 아닌가 싶은 생각이 들 정도였다. 그런 댓글 드립에 대댓글이 달리며 티키타카가 이루어지는 모습은 또 다른 관전 포인트였다.

"이렇게 댓글 다는 것도 재능 아냐? 우리 광고에도 이런 능력 좀 보여주면 좋을 텐데."

브랜드 영상이 판을 깔아주고, 거기에 고객이 신나게 댓글을 달 수 있다면 좋겠다고 생각했다. 재미있게 놀다 보면 우리 브랜드에 호기심이 생기고, 친숙해질 수도 있으니 말이다. 그게 바로 이 프로젝트의 출발점이었다.

댓글 놀이를 활용할 수 없을까 하는 고민이 꼬리를 물고 이어질 때쯤, 한 가지 의견이 더해졌다.

"유튜브 라이브 방송을 하면서 실시간으로 단편 영화를 찍는 건 어떨까요? 고객이 댓글을 달면 그걸 바로바로 반영해 연기를 하면서요. 고객 댓글대로 영화 한 편이 만들어지는 거죠."

재밌는 의견이었다. 하지만 광고라는 특성상 실시간으로 영상을 찍을 때 발생할 수 있는 초상권과 지재권 문제 등이 걸렸다(광고는 상업용이라 방송 콘텐츠보다 엄격한 초상권, 지재권 기준이 적용된다). 그리고 무엇보다 그렇게 찍은 결과물이 '과연 재밌을까?', '이슈를 만들 수 있을까?'가 고민됐다.

"그럼 영상 스토리 상 결정적인 대사를 '삐-' 처리하고, 바로 그 부분을 고객 댓글로 모집하면 어떨까요?"

그즈음 업계에서 특출나다고 정평이 나 있는 돌고래유괴단과 협업을 하고 있던 차였다. 그들과의 회의 중 나온 얘기였다. 우리의 거친 생각에 돌고래유괴단은 현실적인 대안을 제시했다.

"오, 그렇게 하면 댓글 참여가 훨씬 쉬울 것 같네요. 굳이 실시간으로 참여 안 해도 되고요."

"영상 스토리가 재밌게 흘러간다면 댓글로 드립을 치고 싶은 욕심도 더 생길 것 같아요!"

그렇게 우리의 생각은 점점 윤곽을 잡아가고 있었다.

과감한 시도가 필요해!

폭력 조직에 몰래 잠입한 경찰1은 자신의 신분이 탄로 날 절체절명의 순간을 맞이한다. 의심을 받지 않으려면 동료 경찰2를 죽여야 하는 위기의 순간! 조폭들에게 둘러싸인 채 밧줄에 꽁꽁 묶인 경찰2가 회심의 한마디를 날린다.

"삐-"

그 말을 들은 경찰1은 주저 없이 경찰2를 쏴 버린다. 순식간에 벌어진 일에 조폭들은 모두 놀라 경찰1을 바라본다. 과연 밧줄에 묶인 경찰2는 무슨 말을 한 걸까?

우리는 장르 영화에 흔하게 등장하는 이 클리셰 장면을 활용해 스토리를 만들었다. "삐-"에 해당하는 내용을 고객이 댓글로 달면, 그중 재미있는 것을 뽑아 다시 촬영할 예정이었다.

모델은 타깃고객들과 활발하게 소통하고 있으며, 의외성을 보여줄 수 있는 사람이 필요했다. 그런 사람이 우리 쓸고퀄(쓸데없이 고퀄리티) 영화에 출연한다면, 등장만으로 이슈가 될 테니 말이다. 여러 후보자들이 있었지만 이말년과 주호민이 딱이었다. 둘만의 티키타카가 재미있고, 실제로 라이브 방송을 활발하게 하며 시청자들과 적극적으로 소통하고 있었기 때문이다. 그들이 정극 연기를 한다는 것도 의외의 재미 포인트였다. 여기에 극적 몰입을 위해 정만식 배우가 함께하기로 했다. 그들이 한 프레임에 걸리는 모습만 상상하더라도 어쩐지 피식피식 웃음이 나왔다. 일단 준비하는 우리가 재미있다면 반은 성공한 것 아닐까?

"고객이 놀게 하려면, 우선 우리 회사 로고와 상품 얘기는 완전히 빼고 가야 하지 않을까요?"

나한테 뭔가를 판매하려는 사람, 뭔가를 기대하거나 요구하는 사람을 우리는 본능적으로 피하고 보긴 한다. 그래도 그렇지 회사 광고인데 회사 로고를 빼고 가자니, 심지어 은근하게 비추거나 PPL로 상품을 등장시키지도 말자니. 사실 굉장히 파격적인 이야기였다. 그러나 많은 고객을 모으고 자유롭게 뛰놀게 하려면, 이 정도의 파격은 필요하다고 생각했다. 그럼 이 광고에서 우리는 고객에게 뭘 보여줄 수 있을까? 우리는 딱 한 가지만 제대로 보여주기로 했다. 20대를 타깃으로 한 브랜드 'Y', 이것만 노출하는 것이다.

그 비싼 돈을 들여서 Y 하나 보여주는 게 의미가 있을지, 내부에서도 갑론을박이 있었다. 그렇지만 우리 스스로를 돌아보면 답은 명확했다. 아무도 안 보는 광고를 만드는 것보다 다수가 열광하며 호기심과 궁금증을 갖게 만드는 편이 훨씬 더 나았다. 그리고 고객이 광고를 볼 때 느끼는 유쾌함과 호감도가 Y브랜드를 볼 때 동일하게 느껴질 수 있다면, 이번 캠페인은 제 역할을 다한 것이다.

결국 브랜드 콘텐츠이지만 광고 말미에 'Y드립 시네마'라는 엔딩만 잠깐 나오는 것으로 정리되었다. 보수적인 회사에서 내리는 그야말로 파격적인 결정이었다.

"만약에 이거 망하면 우리 다시는 이런 거 못하겠다."

프로젝트를 시작할 때 우리는 이런 대화를 나눴다. 혹시라도 흥행하지 못한다면, 혹시라도 네거티브 이슈가 생겨 캠페인을 중단해야 한다면, 어떻게 해야 하나 싶었다. 하지만 활시위는 당겨졌다. 다시 무를 수도 없는 상황, 성공을 향해 있는 힘껏 달려나가는 것만이 우리가 할 수 있는 최선의 방법이었다.

'Y드립 시네마' 촬영 현장.

모두가 즐길 수 있었던 캠페인

영상은 총 2회에 걸쳐 라이브될 예정이었다. 1차 영상은 중요 대사가 "삐―" 처리되어 있는 것이었다. 그런데 대체 이게 무슨 일일까? 1차 영상을 라이브한지 몇 시간이 되지 않아 조회수가 성큼성큼 올라갔다. 그리고 불과 이틀 만에 약 1만여 개의 댓글이 달렸다. 경품 하나 걸지 않는데 1만여 개의 댓글이라니, 놀라운 결과였다. 고객들은 영상을 아주 재밌어했다. 그렇게 바라던, '댓글이 놀이가 되는 장면'을 목격하는 순간이었다.

"아, 이거 어떻게 다 읽지?"

아무리 스크롤을 내려도 끝이 보이지 않는 댓글을 보며, 우리는 행복한 비명을 질렀다. 그리고 그중 재미있는 댓글을 골라 2차 영상 촬영을 진행했다. 같은 장소, 같은 사람, 같은 세팅을 하고 시작한 두 번째 촬영이었다. 2차 영상의 완성본은 침착맨(이말년)의 트위치 채널에서 라이브 방송 리뷰와 함께 공개되었다. 이말년과 주호민이 촬영장의 뒷얘기와 재미있었던 댓글, 아쉬웠던 댓글에 대해 이야기했다. 실시간 방송 접속자 수는 1만여 명에 달했다. 그 많은 사람들이 동시에 광고를 함께 보고 그것에 대해 이야기하는 장면은 두고두고 기억될 만큼 인상적이었다.

"저는 돈을 낼 용의도 있어요. 이 정도 수업이면."

라이브 방송 중 주호민 작가가 말했다. 물론 농담이었지만, 광고 모델이 자기 돈을 내고서라도 모델로 참여할 정도의 값어치가 있다는 말을 한 것이다. 그만큼 재미있었고 값진 경험이라는 의미 아니었을까? 제작진도 만족하고 모델도 만족하고, 시청자들까지 즐거운 캠페인이 분명했다.

'Y드립 시네마' 캠페인의 성과와 의미

성과는 크게 3가지로 정리할 수 있다.

첫 번째, 댓글과 좋아요 등 '고객의 적극적인 반응수'가 상당했다. 총 조회수 약 800만에 댓글이 1.4만 개, 좋아요가 3.3만여 개 달렸다. 약 4.7만 개의 반응(반응률 0.6%)이 발생한 것이다. 사실 단일 캠페인에 이렇게 많은 반응이 발생하는 건, 극히 이례적인 일이다. 작년 한 해 최고의 광고로 손꼽히는 G게임회사의 광고는 내로라하는 배우들이 10여 명 가량 등장했지만 조회수 1,000만에 댓글 수 5천 개, 좋아요 2.8만 개(반응률 0.3%) 정도였다. 누구나 다 아는 S쇼핑몰의 경우 역시 유명 배우들이 등장했지만 조회수 500만에 댓글수는 5백 개, 좋아요는 5천 개(반응률 0.1%) 수준이었다.

여기서 중요한 건 댓글 참여에 대한 보상으로 그 어떤 경품도 걸지 않았다는 점이다. 우수 댓글을 단 사람에게 '명예 드립상'이나 '드립 기사 1급 자격증'을 수여하지도 않았다. 사실 고객 참여를 위해 경품을 거는 건 업계에서 불문율처럼 여겨지는 일이다. 기업 활동에 고객이 자발적으로 참여하는 건 그만큼 어렵기 때문이다.

우리도 사실 마지막까지 고민했다. 그렇지만 우린 결국 그 어떤 보상도 걸지 않는 모험을 택했다. 고객이 선물을 받기 위해 댓글을 다는 게 아니라, 진짜 이 콘텐츠를 즐기고 댓글 놀이를 해주길 바랐기 때문이다. 그리고 그런 바람이 현실이 되었음은 위의 결과가 말해주고 있다.

두 번째는 '높은 오거닉뷰 비중'을 들 수 있다. 총 조회수 800만 뷰 중, 약 20%가 매체비를 전혀 집행하지 않은 오거닉 채널에서 발생한 조회수다. 고객의 반응 또한 약 80%가 오거닉 채널에서 발생했다. 고객이 놀면서 시간을 보내는 외부 채널에서 우리 브랜드 콘텐츠가 소비되었다는 점은 주목할 만하다. 특히, 오거닉 채널에서 고객이 자발적으로 시청하고 적극적인 참여

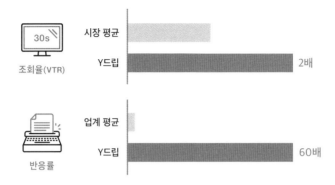

'Y드립 시네마' 광고의 조회율 및 반응률 성과

가 일어난 것은, 말 그대로 바이럴 효과가 나타났다는 의미이다.

세 번째는 '높은 조회율vtr'을 들 수 있다. 2차 영상의 경우, 노출 대비 30초 이상 유효 조회율인 VTR이 50%를 상회하는 수치가 나왔다. 이는 우리 광고에 노출된 고객 중 절반 이상이 스킵하지 않고 30초 이상 시청했다는 것이다. 이는 우리 광고가 고객의 시선을 충분히 사로잡았다는 의미이며, 크리에이티브가 충분한 호기심을 불러일으켰다는 방증이다. 해당 수치는 시장 평균치 대비 약 2배나 높은 성과였다.

'어떻게 하면 광고답지 않은 광고를 만들 수 있을까' 하는 고민에서 시작된 프로젝트였다. 고객의 댓글 참여를 통해 캠페인을 완성하는 방식은 기존 캠페인에서 볼 수 없었던 새로운 시도였으며, 결과는 대성공이었다. 특히 고객들이 광고 영상에서 댓글 놀이를 하고 있는 모습은 앞으로 콘텐츠 마케팅이 어떻게 변화해야 하는지를 보여주는 사례였다고 생각한다. 브랜드가 단순히 캠페인 메시지를 전달하는 것을 넘어, 고객과 적극적으로 소통하고 놀면서 브랜드 헤리티지를 만들어 가는 것! 이것은 향후 브랜디드 콘텐츠가 지향해야 할 점을 잘 보여주고 있다. 이번 프로젝트의 성공이 유난히 의미 있게 다가오는 이유다.

2부

유튜브에서만 통하는

성공 문법

광고 메시지,
순서만 바꿔도 반응이 달라져요

5초 안에 판가름 나는 두 가지 전략

"이 그래프 보셨어요?"

J대리는 유튜브 분석 페이지에서 고객 시청 그래프를 보고 있었다. 고객이 어느 시점에 스킵버튼을 누르는지 확인해야 광고의 개선점을 찾을 수 있기 때문이다. 그런데 뭐지? 너무 당연하게도 대다수 고객들은 5초 후 스킵버튼이 활성화되자마자 썰물처럼 빠져나갔다. 어느 시점에 주로 빠져나간다는 말이 무색할 정도다.

"기껏 힘들게 만든 광고인데, 너무 아쉬워요."
"그치, 근데 J대리는 유튜브 영상 보다가 남의 광고 끝까지 본 적

있어?"

"음, 그렇긴 한데."

"괜찮아. 우리 입장에선 어차피 스킵버튼을 바로 눌러서 빠져나가니까 지불해야 할 광고비는 없단 말이지. 대신 그렇게 나가는 사람한테 우리 브랜드라도 남기면 좋은 거고."

"아, 맞아요! 30초 기준 과금이었죠? 그럼 우리는 시청자가 최대한 오래 보게 해야 하나요? 아니면 어차피 뭘 해도 대부분 빠져나갈 테니 광고 초입에 중요한 메시지를 쏟아내야 하나요? 어떤 선택을 하냐에 따라 전혀 다른 결과물이 나올 것 같아서요."

"오, 좋은 질문이다. 그리고 어려운 질문이네."

유튜브 광고의 타임라인

◇◇◇

J대리의 고민은 아마도 모든 마케터들의 고민일 것이다. 유튜브 고객 시청 그래프를 보면 허무할 정도니 말이다. 대다수 고객들은 마치 스킵버튼을 안 누르면 큰일이라도 나는 듯 5초 이후 썰물처럼 빠져나간다. 통상 30초 지점까지 10명 중 8명이 훅 빠져나가며 보통 다음과 같은 커브를 그리게 된다. 나머지 2명은 켜놓고 화장실에 갔거나 실수로 살아남아 있는 건가? 그동안 마케터로서 들인 노력이 민망해져 실소가 나오는 순간이다.

5초라는 시간을 어떻게 하면 잘 활용할 수 있을까? J대리 말처럼

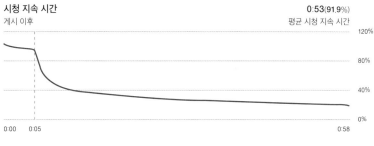

J대리가 보던 유튜브 고객 시청 그래프

5초 후 썰물처럼 빠져나가는 게 보인다.

우리는 두 가지 전략 중 하나를 선택해야 한다. 하나는 어차피 나갈 사람들은 다 나갈 테니 '5초 안에 뭐라도 하나 남기는 전략'이다. 다른 하나는 스킵버튼이 나와도 최대한 많은 고객들이 이탈하지 않도록 '5초 안에 뒷내용이 궁금해지게 후킹하는 전략'이다. 우리의 고민은 바로 이 둘 사이에 있다.

첫 번째 전략, 5초 안에 승부보기

첫 번째 전략은 광고 도입부에 우리가 말하고 싶은 것을 즉각적으로 드러내는 방식이다. 전후좌우 맥락이 없더라도 하고 싶은 말부터 일단 하고 보는, 일종의 전진 배치 전략이다. 어차피 5초 동안 스킵하지 못하니 맘에 안 들어도 별수 없다. 아주 짧은 시간 동안 랩을 하든 브랜드 로고를 큼지막하게 보여주든, 일단 고객에게 뭐 하나라

당시 파격적이었던 가이코 광고.

도 남기겠다는 의도다. 이른바 두괄식 구성이다.

유튜브 광고가 태동하던 5~6년 전, 가이코GEICO라는 회사가 이런 방법을 창의적으로 활용해 칸 국제광고제에서 그랑프리를 수상했다. 또한 넷플릭스 광고의 도입부 징글도 유명하다. 광고는 아니지만 JYP가 작곡한 노래 도입부에 'JYP'를 외치는 경우도 마찬가지다. 도입부에 뭐라도 기억할 만한 요소를 심어주면 사람들은 무의식 중에 그 '뭐라도'를 기억할 가능성이 높다. 심리학에서 말하는 초두효과 때문이다.

우리 회사도 새로운 캠페인을 시작할 때 이 방법을 사용한 적이 있다. 이른바 '쓰임새' 캠페인을 진행할 때였는데, 메인 모델인 조정석이 카메라에 시선을 맞추고 도입부에 '쓰임새 있게'라고 말하는 방식이었다. 호감도 높은 모델이 시선을 맞추며 슬로건을 말하면 광고 회상과 브랜드 인지에 긍정적인 영향을 미친다는 연구 결과가 있었고,[1] 실제로 해당 캠페인은 호감도 조사에서 타 광고 대비 높은 결과를 보였다. 30초 재생률에서 유의미한 성과 역시 이루었다.

야놀자의 "야! 놀자"라는 내레이션으로 시작하는 광고 장면.

다른 기업들은 어떨까? '야놀자'는 시작부터 "야! 놀자"라는 내레이션과 함께 BI를 활용한 키비주얼을 보여준다. '동원참치'는 메인 모델이 "동원참치"라고 말하며 광고가 시작된다. '모닝케어' 역시 "모닝케어"라는 내레이션과 함께 메인 모델을 클로즈업하며 시작된다. 세 광고 모두 하나같이 브랜드를 먼저 말한 다음 스토리를 풀어간다. 도입부와 광고 스토리 사이의 연결성은 없다. 어찌보면 도입부 한 컷이 독립된 광고로도 보인다.

물론 이런 방식에도 문제는 있다. 인지도 상승에는 도움이 될지 모르지만, 호감도나 구매고려로 연결될 수 있을지는 조금 더 지켜봐야 한다. 이 기법은 오늘날까지 환경에 맞춰 진화 중이다.

물론 TV 광고에서는 잘 하지 않던 방식이다. 시간 순서대로 시청할 수밖에 없는 TV 광고 특징상 광고 초반부에 시선을 끌고, 논리적인 흐름 속에 우리의 메시지와 제품을 자연스레 녹여 내는 게 일반적이었다. 그러다 보니 하고 싶은 말은 중반부 이후에 배치하는 경우가 많다. 이른바 '기승전결' 구조다.

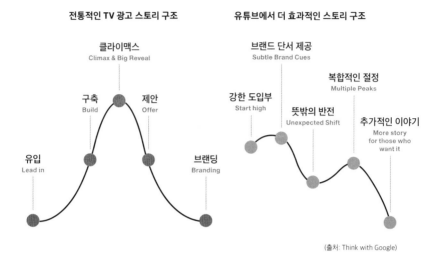

(출처: Think with Google)

하지만 시청자가 미디어를 이용하는 행태가 바뀌면서 광고의 문법도 바뀌고 있다. 기존 TV 광고에서 먹혔던 문법이 무너지고 있다는 의미다. 유저들은 더 이상 광고의 마지막 부분까지 기다리지 않는다. 언제든 스킵버튼을 누를 수 있는 고객은 지루함을 참고 견딜 여유가 없다.

이제 유튜브 광고에 등장하는 '두괄식' 구성은 자연스러운 현상이다. 하지만 치명적인 문제도 있다. 잠깐 멈춰 서서 우리 주변에 있는 이들을 돌아보자. 다짜고짜 자신이 하고 싶은 말만 하는 사람이 있다면 어떨까? 안부인사도 없이 본론부터 직진하는 사람 말이다. 공감능력의 결여는 사회생활을 어렵게 만들고, 관계를 좀먹는 요소다. 그런 친구가 있다면 슬슬 피하게 될지도 모르겠다. 직장 상사라면 불통의 아이콘으로 점심을 혼자 먹게 될 가능성이 높다. 그런데 만약 불통의 아이콘이 물건을 팔겠다고 한다면? 필요도 없는 옥장판 같은 걸 들이민다면? 결과는 충분히 예상할 수 있다. 도입부에 할 말을 쏟아내는 전략을 신중하게 사용해야 하는 이유다.

두 번째 전략, 광고를 1초라도 더 보고 싶게 만들기

◇◇◇

5초라는 시간을 조금 다르게 활용할 수도 있다. 우리 광고를 1초라도 더 보고 싶게 만드는 것이다. 영상의 클라이맥스를 도입부에 배치하거나, 바로 다음 장면이 엄청 궁금해지게 만들어 짧은 시간 안에 흥미나 호기심을 불러일으키는 장치를 심는 방식이다.

타일러가 등장하는 '리얼클래스' 광고를 보면 "'취미가 뭐예요?' 가 영어로 뭘까요?"라는 물음을 던진다. 대답이 머릿속에 쉽게 떠오르지 않는다면, 5초 뒤 장면을 볼 수밖에 없다. 심지어 타일러가 "What's your hobby는 아니죠!"라고 말한다면? 그게 내가 생각하던 답이라면? 그 다음 말이 궁금해져서 계속 지켜볼 수밖에 없다.

이렇게 우리 광고를 좀 더 보게 만드는 방식은 주로 미드 퍼널에 있는 고객을 대상으로 펼칠 수 있는 전략이다. 일단 그들이 우리 광고를 보기 시작했다면 브랜드 선호도나 구매고려도 면에서 긍정적인 변화를 기대할 수 있다.

여기서 "What's your hobby는 아니죠!"라는 말을 들으면 다음 장면이 궁금해질 수밖에 없다.

유저의 시청 시간을 늘리기 위한 전략으로, 5~6년 전에는 '스킵버튼을 제발 누르지마'라는 행동을 유머러스하게 보여주는 광고가 많았다. 그러나 그런 행동으로 5초 이상 더 보게 한들, 광고만 5초 늦게 시작할 뿐 무슨 효과가 있느냐는 회의적인 시각이 지배적이 됐다. 그래서인지 요즘엔 스킵버튼을 누르지 말아달라는 애원은 찾아보기 어렵다.

대신 초반에 어떤 방식으로든 관심을 끌어 일단 스킵 자체를 보류하게 만드는 광고가 늘었다. 고객이 일단 '어? 저게 뭐지?' 정도의 호기심만 갖더라도 상황은 크게 달라진다. 심리학에서는 'Foot in the Door'라는 용어로 이런 전략을 설명한다. 작은 요구에서 시작해 결국 그와 관련된 더 큰 승낙을 얻어내는 방법이다. 옛날 옛적 영업사원들이 가가호호 방문해 물건을 팔던 시절, 일단 집에 들어가기만 해도 판매 성공 확률이 높아지는 것을 빗댄 말이다. 동일한 맥락에서 스킵버튼을 누르지 않고 일단 5초 이상 보게 된다면, 고객은 우리의 작은 부탁을 들어준 것이나 다름없다. 그렇다면 이제 좀 더 큰 부탁을 해도 되지 않을까?

이것만 봐도 OK

유튜브 광고에선 TV 광고에서 먹혔던 문법이 더는 작동하지 않는다. 결국 ①도입부에 핵심 메시지를 바로 등장시키거나, ②호기심을 유발해 우리 광고를 좀 더 보게 하는 방식 중 하나를 선택해야 한다.

두 가지 전략은 각각 달성할 수 있는 목표가 다르므로, 각각의 기능을 알고 목적에 맞게 선택적으로 활용할 수 있어야 한다. 어퍼 퍼널에 있는 고객을 대상으로 신규 브랜드나 상품 론칭을 준비하고 있다면 ①번 전략이 유용할 수 있다. 우리 브랜드나 상품의 인지도를 높이는 게 목적인 캠페인을 준비하고 있다면 역시 ①번 전략이 유리하다. 만약 우리 상품은 설명이 필요하다거나, 무형의 서비스라 맥락 속에서 노출해야 한다면 ②번 전략을 써야 한다. 미드 퍼널에 있는 고객을 대상으로 우리 브랜드의 호감도를 높이거나 구매고려도를 높이는 게 목적인 캠페인을 준비하고 있다면 역시 ②번 전략을 추천한다.

결국 마케터는 진행하려는 캠페인의 목적이 무엇인지 자문해야 한다. 그리고 그 목적을 달성하기 위해 지금 우리에게 필요한 게 무엇인지 스스로 답할 수 있어야 한다. 5초를 어떻게 활용할 것인가.

5초 광고 전략

방법	주요 대상	목적
핵심 메시지를 도입부에 배치하는 전략	어퍼 퍼널 고객	브랜드 인지 상승
호기심을 유발해 5초 이후 광고 시청을 유도하는 전략	미드 퍼널 고객	구매 고려 상승

5초는 우리 콘텐츠에 흥미와 호감을 키우는 데 엄청나게 짧은 시간일 수 있다. 하지만 유튜브가 제공하는 마법 같은 공짜 광고 시간이기도 하다. 어쩌면 30초까지도 공짜 광고 시간은 계속된다고 봐야 한다. 이 시간을 무엇으로 채워갈 것인가. 고민이 깊을수록 캠페인의 성과가 달라질 수 있다.

📋 3줄 요약

▎유튜브에 맞는 새로운 광고 문법이 필요.

▎스킵 전 5초를 활용하는 방법에는 '도입부에 핵심 메시지를 배치하는 전략'과 '호기심을 유발해 광고를 조금 더 시청하게 유도하는 전략'이 존재.

▎광고 목적에 따라 두 가지 방법을 선택적으로 활용할 것.

우리가 취향에 주목하는 이유

타깃 마케팅의 종류와 디렉터 믹스 Director Mix

점심 뭐 먹을까?

◇◇◇

직장인의 최대 고민거리이자 난제는 '점심 메뉴 정하기' 아닐까. 우리팀 L대리는 각종 탕이며 찌개를 무척 좋아해서 인생 2회차 같은 걸쭉한 아재 입맛을 자랑한다. 나이는 MZ에 가까운데 입맛은 어째 부장님이다. 정작 부장님은 주꾸미는 상상도 못하고, 매운 건 쥐약인 스타일이다. 대체 둘이 어쩌다 한 팀이 된 걸까 생각하다가, 그 둘을 설득해 점심시간마다 보물섬을 찾아나서는 해적들처럼 이리저리 돌아다녔다.

어째서 점심 메뉴 하나 고르기가 이렇게 어려운 걸까? 요즘 들어

결정장애가 점점 더 심해지는 느낌이다. 거기엔 분명한 이유가 있다. 과거에 비해 선택지가 훨씬 늘어났기 때문이다. 내가 있는 광화문만 하더라도 온갖 종류의 글로벌한 요리 대향연이 펼쳐진다. 한식, 중식, 일식은 기본이고, 중동에 아프리카 요리까지 등장했다. 이중에서 무엇을 골라야 할까? 아이스크림 31가지 맛과는 비교할 수 없을 정도로 고민이 된다.

넓은 선택지는 개인에게 다양한 '경험'을 제공한다. 그리고 개인은 이 경험을 통해 자신의 취향을 발견한다. 경험해보니 나는 이게 맞고, 또 저건 안 맞는다는 사실을 더 잘 알게 되는 것이다. 짬뽕 한 그릇만 하더라도 홍합만 넣고 깔끔하게 끓인 걸 좋아하는 사람이 있는 반면, 낙지부터 전복에 차돌박이까지 가득 넣어 끓인 황제 짬뽕을 좋아하는 사람까지 참으로 다양하다.

고객은 어떻게 분류할래?

◇◇◇

가만히 생각해보면 선택이 어려운 게 어디 점심식사 메뉴뿐일까. '환경의 변화'와 '경험의 변화'에 따라 내가 소비하고 즐기는 모든 것들의 선호는 참으로 다양하게 분화하고 있다. 물론 다양한 선호가 존재하는 세상이 훨씬 건강하고 더 재미있는 세상이라고 생각한다.

하지만 이런 다양한 선호를 고려해야 하는 마케터에겐 좀 다른 얘기일 수 있다. 불과 몇 년 전만 하더라도 고객을 '연령과 성별'에 따라 나누는 게 자연스러웠다. 세대에 따라 취향도 어느 정도는 유사하게 움직였기 때문에 연령 분류에 따라 마케팅을 계획하던 때가 있었다는 말이다.

그런데 요즘엔? 어림도 없다. 확실히 달라졌음을 느낀다. 각자의 취향과 선호는 나이와 성별을 뛰어넘는다. 이런 경향은 갈수록 짙어지고 있다. 이제 피자를 좋아하는 부장님과 추어탕 마니아 L대리를 연령으로 분류해 푸드 마케팅을 한다면 결과는 폭망이다. 바로 '라이프스타일'이라는 말이 마케팅 업계에서 뜨겁게 떠오르는 이유다. 결국 고객에게 유효한 메시지를 던지려면, 그들을 분류하는 방식부터 바꿔야 한다.

결국 세상을 보는 관점이 바뀌었다는 말이다. 이해는 했지만, 단숨에 변하기는 어려운 일이다. 하지만 이런 마케터의 니즈를 구글은 이미 간파하고 있던 것 같다. 데이터 활용 능력으로 세계 최고의 회사가 된 곳답게, 고객을 다양한 선호와 취향에 따라 이미 분류해놓았다. 이제 우리가 할 일은 이들의 고객 분류 방식에 대해 알아보고, 과연 우리 캠페인에 어떻게 적용해볼 수 있을지 알아가는 것이다.

유튜브 광고의 꽃! 맞춤형 타겟팅

◇◇◇

광고에 대한 거부감은 동서고금을 막론하고 늘 존재했다. 이는 중력과 같이 피할 수 없는 것이다. 물론 광고의 역사는 이러한 무게를 극복하기 위한 고군분투의 역사였다. 하지만 고객의 취향과 관심사를 반영한 맞춤형 광고를 보여줄 수 있다면 이야기가 달라진다. 목이 마른 사람에게 물이 어디 있는지, 가격은 얼마인지를 소개하는 광고는 소음이 아니라 정보이기 때문이다.

바로 이런 사실을 뒷받침하는 흥미로운 실험 결과[2]가 있다. 어느 식음료 브랜드가 고객의 관심사에 맞춰 맞춤형 타깃 광고를 진행했다. 그 결과, 데모 타겟팅만 진행한 타 식음료 캠페인 9,800여 건과 비교했을 때 광고 회상도는 약 1.2배, 브랜드 인지도는 약 1.5배 상승했다.

유사한 실험 결과[3]는 또 있다. 소비자는 본인과 관련성 높은 광고에 노출됐을 때 브랜드 선호도가 40%, 구매고려도가 63% 상승했다고 한다. 다양한 가설과 검증을 통해 나타난 결과값이 시사하는 바는 명확하다.

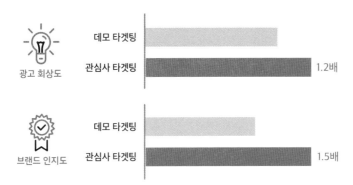

'관심사 타겟팅'의 광고 회상도 및 브랜드 인지도 변화

"첫째, 고객이 어떤 사람인지 알아내라. 둘째, 그와 관련성 높은 광고를 보여줘라."

이렇게만 한다면 우리 광고는 성가시고 거부감이 드는 광고 틈에서 차별화할 수 있을 것이다.

고객이 어떤 사람인지는 구글이 AI를 통해 분류해놓은 결과를 활용하면 된다. 구글은 유저의 온라인 발자국을 통해 그들을 분류한다. 무엇을 시청하고 무엇을 스킵했는지, 무엇을 검색하고 또 무엇을 차단했는지를 추적하고 분석한다. 그리고 고객의 나이대, 결혼 유무, 자녀 유무, 심지어 소득 수준까지 알아낸다. "아니, 이게 어떻게 가능하지?"라며 의문을 갖는 독자가 있을지 모르겠다. "나는 구글에 소득이나 자녀 유무를 입력한 적이 한 번도 없는데?"라는 생각을 하면서 말이다. 이에 대한 대답은 미국 대형 마트 타깃Target의 유명한 일화로 대신할까 한다.

한때 타깃에서는 고객 맞춤형 할인 쿠폰을 만들어 전달했다. 그런데 아이가 없는 가정에 꾸준히 신생아용 육아용품 할인 쿠폰이 날아왔다고 한다. 대체 무슨 일인가 싶을 무렵, 그 집 고등학생 딸이 임신을 했다는 놀라운 사실을 알게 된다. 집안 식구들도 몰랐던 사실을 타깃이 알아낸 것이다. 어떻게 이런 일이 가능했을까? 바로 타깃이 고객의 쇼핑 패턴을 분석했기 때문이다. 예를 들어 여성이 갑자기 향이 없는 로션을 찾고, 신 음식을 구매하는 등의 패턴을 읽고 임산부와 유사함을 파악한 것이다. 마찬가지로 소득 분포나 자녀 유무 등도 같은 방식으로 추론할 수 있다. 물론 얼마나 정교하게 분석할 수 있는지는 전혀 다른 문제지만 말이다. 이쯤 되면 나 자신보다 구글이 나를 더 잘 알고 있는 건 아닐까 하는 생각이 들 정도다.

혹시 이 이야기를 읽고 여러분 중에 조금 불편함을 느낀 분이 있을지도 모르겠다. 친한 사람들에게도 잘 얘기하지 않던 나만의 정보를 구글이 야금야금 알아간다는 게 썩 달갑지 않을 테니 말이다. 물론 원한다면 나의 정보를 공개하지 않을 수도 있다. 그렇지만 내가 딱 원하는 취향 저격 콘텐츠를 바로바로 보려면 먼저 정보를 공개해야 한다. 디지털 편리성은 취향 정보와 맞교환할 때 이루어진다. 이쯤에서 궁금하지 않은가? 구글이 나를 어떻게 분리하고 있을지 말이다. 아주 쉽게 확인할 수 있다. 아래 메뉴를 따라서 확인해보자. 대신 너무 정확할 수 있으니 깜짝 놀라지는 말자.

구글은 나를 어떤 사람으로 분류하고 있을까

유튜브 앱 ▶ 프로필 아이콘 클릭 ▶ YouTube의 내 데이터 클릭 ▶ 광고 개인 최적화 – 광고 설정 업데이트에서 확인

구글이 다양한 관점에서 고객을 분류해줬으니, 이제 마케터인 우리가 할 일은 분명하다. 각각의 선호와 관심사에 따라 고객에게 맞춤 메시지를 던지는 것이다. 이때 사용하면 좋은 것이 바로 유튜브 타겟팅이다. 이제부터 유튜브에서 사용할 수 있는 타겟팅의 종류를 알아볼 것이다. 연령과 성별 정도의 아주 기본적인 타겟팅을 넘어 어떤 타겟팅까지 가능한지도 확인할 예정이다. 그러다 보면 우리 브랜

드의 마케팅을 위해 어떤 사람들에게 어떤 방법을 적용해야 할지 다양한 아이디어가 떠오를 거라고 확신한다.

유튜브 타겟팅 6가지

◇◇◇

유튜브 타겟팅 중, 대표적인 6가지를 소개하려고 한다. 물론 이외에 다른 종류의 타겟팅 방식도 있다. 하지만 이번 편에서는 '아, 이런 타겟팅도 가능하구나!' 하고 감을 익히는 것을 목표로 하자. 여기서 말하는 6가지만 자유롭게 다룰 수 있어도 고객의 니즈에 한결 가까워질 수 있다.

① 관심사 타겟팅

말 그대로 관심 분야를 기준으로 고객군을 분류하는 것이다. 이런 분류는 각 유저가 어떤 콘텐츠를 얼마큼의 시간 동안 시청했는지 그리고 추천 콘텐츠에 어떤 반응을 보였는지에 따라 달라진다. 그 결과 유튜브라는 세상 안에는 영화를 좋아하는 고객군, 자동차를 좋아하는 고객군, 반려견을 좋아하는 고객군 등이 생겨난다. 그럼 우리는 고객군 중 하나를 지정해 광고를 노출할 수 있다.

이때 타겟팅은 '사람'을 기준으로 한다. 그러므로 지정한 고객군이라면 그 사람이 어떤 영상을 보든 우리 광고를 노출할 수 있다. 예컨대 '애묘인'으로 분류된 고객에게 캣타워 광고를 하기로 했다면, 애묘인 유저가 어떤 영상을 보든 우리 광고가 노출된다. 애묘인이 보는 자동차 리뷰 영상이나 먹방 영상에도 우리 광고가 나갈 수 있는 것이다. 이런 노출 방식은 '주제 및 게재 위치 타겟팅'과 가장 큰 차이를 보인다.

구글 애즈 고객센터에서 관심 분야 잠재고객을 확인하는 방법

도움말 센터 ▶ 광고 관리 ▶ 잠재고객에게 광고 게재 ▶ 내 제품 또는 서비스에 관심이 있는 사용자에게 광고 게재 ▶ 잠재고객 타겟팅에 대한 정보 ▶ 관심 분야 잠재고객 ▶ CSV 다운로드

---

② 주제 및 게재 위치 타겟팅

유튜브의 콘텐츠들을 특정 주제로 분류해 해당 콘텐츠에 광고를 집행하는 타겟팅 방법이다. 이때 타겟팅의 기준이 되는 것은 바로 '콘텐츠'다. 앞서 관심사 타겟팅의 기준이 '사람'이라고 했던 것과는 대조적이다. 예컨대 '고양이'로 주제 타겟팅을 한다면 고양이를 주제로 한 영상에만 광고가 집행된다. 이때 고양이와 상관없는 자동차 리뷰 영상이나 먹방 영상에는 광고가 노출되지 않는다. 따라서 주제 타겟팅을 할 경우 특정 영상을 시청한 사람 모두에게 광고를 할 수 있다.

결국 관심사 타겟팅이 하나의 관심사로 모인 사람들을 대상으로 한 광고라면, 주제 타겟팅은 특정 영상을 시청한 사람 모두를 대상으로 하는 광고다. 전자가 명확한 취향을 가진 이들을 타깃으로 한다면, 후자는 이제 막 호기심을 갖기 시작한 잠재고객도 타깃으로 삼

는다. 명확한 타깃군이 있다면 관심사 타겟팅을, 잠재고객을 확보해
야 한다면 주제 타겟팅을 시도해보자.

주제 타겟팅을 조금 더 세분화한 방식으로 '게재 위치 타겟팅'이
있다. 특정 유튜브 채널이나 특정 유튜브 영상에 광고를 붙이는 방
법이다. 예컨대 가수 제니를 모델로 한 광고를 제작했다면, 블랙핑크
유튜브 채널에 광고를 집행하는 것도 좋은 방법이다. 기본적으로 모
델에 상당한 호의를 가진 사람들에게 노출하는 것이므로 광고 효과
또한 일반 대중에 비해 훨씬 좋을 수 있다. 신규 출시되는 스마트폰
을 광고하기 위해서 IT 유튜버나, 테크 유튜버 채널에 집중적으로 광
고를 하는 것도 좋은 방법이다.

그러나 경험상 몇 개의 채널에만 타겟팅을 한정하면, 노출 가능
한 경우의 수가 매우 적어져 광고 시청이 충분히 이뤄지지 않을 수
있다. 따라서 관심사나 주제 타겟팅에 비해 목표 도달 속도가 떨어질
수밖에 없다. 결국 짧은 시간 안에 이슈시켜야 하는 광고의 숙명을
오롯이 수행하기엔 부족함이 있다. 그래서 '게재 위치 타겟팅'을 할

종류	분류 기준	특징
관심사 타겟팅	사람	- 특정 관심사를 가진 '사람'에게 광고 노출 - 명확한 타깃군에게 광고 가능
주제 타겟팅	콘텐츠	- 특정 주제의 '콘텐츠'에 광고 노출 - 잠재고객을 포함한 타깃군에게 광고 가능
게재 위치 타겟팅	콘텐츠	- 특정 유튜브 채널이나 특정 영상에 광고 노출 - 디테일한 타겟팅이 가능하나 노출 가능성이 떨어짐

때는 전체 예산 중 일정 비율만 배정해 운영해야 한다.

③ 인구통계 타겟팅

'인구통계 타겟팅'은 기본적으로 연령별, 성별에 따른 타겟팅이 가능하다. 조금 더 세부적으로 자녀를 출산했는지, 주택을 보유하고 있는지, 가계 소득이 어느 정도인지 등을 기준으로 타겟팅할 수도 있다. 예를 들어 키즈 교육 상품을 출시했을 때, 자녀 유무 타겟팅을 통해 맞춤형 광고를 할 수 있는 것이다.

구글 애즈 고객센터에서 인구통계 내역을 확인하는 방법

도움말 센터 ▶ 광고 관리 ▶ 잠재고객에게 광고 게재 ▶ 내 제품 또는 서비스에 관심이 있는 사용자에게 광고 게재 ▶ 잠재고객 타겟팅에 대한 정보 ▶ 상세한 인구통계 ▶ CSV 다운로드

④ 단말 타겟팅

'단말 타겟팅'은 고객이 사용하는 핸드폰 단말 종류별로 다르게 광고하는 방법이다. 기본적으로 안드로이드 사용 고객과 아이폰 사용 고객으로 나눠, 광고를 구별해 노출할 수 있다. 이는 각각 별도의 어플리케이션을 다운받아야 하는 캠페인 진행시 유용하다. 물론 여기서 한 단계 더 들어갈 수도 있다.

고객이 사용하고 있는 핸드폰 단말의 구체적인 기종을 딱 찍어서 타겟팅하는 것이다. 예를 들어, 갤럭시 S20을 사용하는 고객에게만

광고할 수 있다. 이런 타겟팅은 신규 핸드폰 광고를 준비하고 있을 때 유용하다. 핸드폰 교체 주기가 평균 1.5년 정도라고 가정할 때, 출시된 지 1.5년 이상 된 구형 핸드폰을 가진 고객에게만 신규 핸드폰 광고를 할 수 있다. 여기에 정교함을 더해 핸드폰 교체 니즈가 가장 큰 18~34세 연령을 중복 타겟팅할 수도 있다. 실제로 이런 타겟팅을 진행한 캠페인에서 광고 재생률이 더 높게 나타났다.

⑤ 지역 타겟팅

'지역 타겟팅'은 고객이 현재 위치한 지역을 기준으로 광고를 노출하는 방법이다. PC는 IP주소를 기반으로 하며, 핸드폰은 위치 정보를 활용한다. 국내에서는 도시나 광범위한 권역을 타깃으로 정해 광고를 노출할 수 있다. 우리 브랜드가 특정 지역에서 오프라인을 중심으로 판매하고 있다면, 위치 타겟팅을 유용하게 사용할 수 있다.

그런데 사실 이렇게만 활용하기엔 좀 아깝다. 훨씬 재미있게 활용할 수 있는 방법이 있기 때문이다. 가령 부산에 있는 고객에게는 부산에 특화된 메시지를 보내고, 광주에 있는 고객에게는 광주에 특화된 메시지를 보낼 수 있다. 그러니까 지역 타겟팅을 고객 맞춤형 타겟팅으로 활용할 수 있다는 말이다.

이쯤에서 어느 기저귀 회사의 지역 타겟팅 광고 사례를 살펴보자. 이 회사는 같은 내용의 영상이라도 '충남의 아기들은 ○○○'이라는 식으로 지역별 맞춤 카피를 사용했다. 그 결과 고객의 광고 회상도에 긍정적 영향을 끼쳤다.[4] 이런 사례는 우리가 위치 타겟팅을 어떻게

지역 타겟팅과 관심사 타겟팅을 동시에 진행해
광고 회상도가 5% 증가하고, CPC(클릭당 비용)는 168% 개선됐다. (출처: 하기스)

활용해야 할지를 통찰하게 한다.

⑥ 리마케팅

인터넷에서 나이키 운동화를 검색한 뒤로 나이키 광고가 졸졸 따라다니는 경험을 해본 적 있을 것이다. 얼마나 집요하고 찰거머리처럼 붙어 있는지, 심지어 신발 구매를 마쳤는데도 계속 구매를 부추긴다. 결국 해당 광고를 없애려면 다른 쇼핑 아이템을 검색하는 방법밖에 없다는 말이 있을 정도다. 물론 그때부터는 새롭게 검색한 상품이 계속 따라다닐 테지만 말이다.

이처럼 내 콘텐츠와 상호작용을 한 고객을 대상으로 다시 광고를 하는 것을 '리마케팅'이라고 한다. 특별히 유튜브에서 '리마케팅'은 우리 기업 채널의 영상을 시청한 경험이 있거나 우리 채널과 상호작용 이력이 있는 고객을 타깃으로 한다. 이들은 좋아요, 댓글, 공유, 구독 등 어떤 방식으로든 우리 채널에 반응을 보인 고객들이다. 뿐만 아니라 우리 웹페이지를 방문했거나 프로모션 정보를 확인한 고객을 대상으로 타깃군을 구성할 수도 있다. 이러한 고객들은 우리 채널이 새로 업로드하는 영상에 일반 유저들보다 더 관심을 보인다. 아울러 로 퍼널에 위치해 우리 상품을 구매하는 최고의 잠재고객일 수 있다. 실제로 해당 고객군을 대상으로 광고 집행을 하면 다른 타깃군 대비 높은 전환율이 나오는 걸 확인할 수 있다.

최종 목적지는 '개인화 광고'

◇◇◇

지금까지 6가지 타겟팅에 대해 살펴봤다. 이외에도 구매의도를 기반으로 한 타겟팅, 각 브랜드에 최적화된 맞춤 잠재고객 타겟팅도 가능하다. 또한 여러가지 타깃군을 교집합으로 설정해 디테일한 타깃 구성을 할 수도 있다. 타깃들을 잘게 쪼개면 우리 브랜드에 유의미한 고객군을 수십 개에서 수백 개로 나눌 수 있을지도 모른다. 바로 그들에게 맞춤형 메시지를 보내면 어떨까?

그런데 가만, 말이 쉽지 어떻게 수백 개의 광고를 만들 수 있을까? 게다가 타깃군에 딱 맞춰 노출할 방법이 있나? 여기까지 생각했다면 아주 훌륭하다. 수십 개에서 수백 개로 쪼갠 영상을 만드는 일이 쉽지도 않고, 맞춤형 타깃에게 내보내는 것도 결코 쉬운 일이 아니기 때문이다. 기존의 TV 광고 제작 방식으로는 사실상 불가능에 가깝다. 비용도 비용이거니와 그에 맞게 변화를 주기까지 들여야 하는 시간과 의사결정 과정이 수두룩하다. 상상만으로도 아찔하지 않

하나의 영상에 메인 카피를 맞춤형으로 베리에이션했다. (출처: Think with Google)

는가. 따라서 가장 현실적인 방법은 세네 편의 영상을 멀티로 구성하고, 키(key) 카피만 베리에이션하는 방법이다. 그렇게 한다면 아마도 수십 편 정도는 도전할 수 있지 않을까?

게다가 구글에서는 다양한 베리에이션이 용이하도록 '디렉터 믹스'라는 툴을 제공한다. 베이스 영상과 맞춤형 카피가 포함된 엑셀 파일 또는 오버레이 이미지만 있다면 가능하다. 해당 툴이 베리에이션 버전을 자동으로 생성해 타깃 맞춤형 광고를 고객에게 노출하기 때문이다. 이런 방식으로 수백 개의 버전을 만들 수도 있다.

실제로 수백 편의 맞춤형 광고를 만들어 집행하는 브랜드들이 늘고 있다. 기아자동차, LG전자, 캘로그가 이에 해당한다. 실행 과정 자체가 큰 도전이었을 텐데 결과까지 유의미하다. 기아자동차는

100여건의 맞춤형 광고를 집행했는데, 전년 대비 전환수는 12배, 전환율은 6.5배 증가했다고 한다. LG전자는 무려 270여 건의 맞춤형 광고를 집행하고 조회율vTR 54%를 달성했으며, 이는 자사의 기존 광고 대비 무려 74%나 증가한 실적이었다. 캘로그는 110여 건의 맞춤형 광고를 집행했고, 광고 회상이 29%, 구매고려도가 15% 향상됐다고 한다.[5] 한마디로 맞춤형 광고의 효과가 확실히 나타나고 있는 셈이다.

이것이 우리 마케터에게 의미하는 바는 뭘까? 이제는 고객을 취향에 따라 더 잘게 쪼개고, 그들에게 맞춤형 광고를 내보내야 한다는 뜻이다. 그래야 고객의 마음을 조금이라도 열 수 있다. 어느 마케팅 책에서 고객은 하늘에서 금가루가 떨어져도 불평을 할거라고 하던데(하하하), 그런 고객에게 맞춤형 금가루를 제공한다면 불평이 조금 줄지 않을까.

이것만 봐도 OK

지금까지 유튜브 광고에 적용 가능한 타겟팅에 대해 알아봤다. 가장 기본이 되는 6가지 타겟팅을 복습하면 아래와 같다.

① 관심사
② 주제 및 게재 위치

③ 인구통계

④ 단말

⑤ 지역

⑥ 리마케팅

이외에도 디렉터 믹스를 활용해 수백 개로 베리에이션한 광고를 만들 수 있다는 사실도 알았다. 전에 없이 세심하게 고객을 분류해 각자의 입맛에 딱 맞는 광고를 제공할 수 있는 시대다. 하지만 고객들의 취향은 더 세분화될 것이다. 그리고 한 사람의 취향도 상황에 따라 달라질 수 있다. 예컨대 점심식사는 편의점에서 해결하는 합리적인 소비자였다가 쇼핑을 할 때는 한정판 명품 스니커즈를 플렉스하는 럭셔리 소비자가 되는 식으로 말이다.

궁극적으로 우리는 사람들의 취향을 구체적인 상황 속에서 파악할 수 있어야 한다. 그런 다음 스나이퍼처럼 취향에 딱 맞는 광고를 내보여야 한다. 우리는 그곳에 다다르기 위한 중간 단계를 지나고 있다. 수백 개의 광고 베리에이션이 만들어지는 세상에서 지금 이 과정을 어떻게 보내느냐에 따라 우리 브랜드와 상품은 생존하기도 하고, 먼지처럼 흩어지기도 할 것이다. 세상의 수많은 브랜드들이 늘 그랬듯 말이다.

🗒 3줄 요약

❙ 사람들의 취향이 점점 더 세분화되니, 마케팅은 고객들의 세분화된 취향을 고려할

필요가 있음.

│ 유튜브 광고 타겟팅에는 기본적으로 관심사, 주제 및 게재 위치, 인구통계, 단말, 지

역, 리마케팅 등이 존재.

│ 구글의 디렉터 믹스를 활용해 수십 개 이상의 맞춤형 광고를 만들 수 있음.

유튜브 타깃 마케팅, 이것만은 꼭 알고 하세요

유튜브 타깃 마케팅의 함정

지금까지 유튜브 타겟팅의 종류와 각각의 장점을 이야기했다. 이번에는 유뷰트 타겟팅 진행시 주의할 점 2가지를 살펴보고자 한다.

타겟팅은 자칫 잘못하다가 우리의 의도와는 전혀 다른 방향으로 흘러갈 수 있다. 언제나 그렇듯 화력 좋은 무기는 제대로 알고 써야 한다. 그렇지 않으면 상대가 아니라 나와 내 집을 홀라당 다 태울 수 있으니 말이다.

그래서 대체 뭐가 문제인데요?

◇◇◇

우리는 이제 타깃을 다양한 방식으로 분류할 수 있다. 고객을 세밀하게 구분하고 집요하게 파고들 수 있는 길이 열린 것이다. 하지만 말했다시피 여기에는 2가지 문제가 있다. 첫째, 주로 50~60대 고연령층에게 광고가 노출될 수 있다. 둘째, 메인 타깃 도달 비용이 유난히 비쌀 수 있다. 도대체 이유가 뭘까? 자세히 들여다보자.

문제1) 고연령 쏠림 현상, 이거 실화임?

벌써 몇 해 전 일이다. 때는 바야흐로 프리미엄 스마트폰 캠페인을 진행하던 시절, 고객 취향과 행동 패턴을 분석하고 야심차게 타깃군을 나눴다. 예를 들어 타깃① 은 IT/테크 관심 고객, 타깃② 는 구형 단말 사용 고객, 타깃③ 은 비즈니스 관심 고객, 타깃④ 는 광고 모델 관심 고객 이런 식으로 말이다. 그런데 광고를 집행하고 며칠이 지났을까.

"헐! 이거 보셨어요? 우리 유튜브 광고를 5060세대들만 보고 있어요!"

후배의 다급한 목소리였다. 유튜브 실적 분석 화면에 접속해보니 그 말은 사실이었다. 우리 광고의 주 시청자는 5060대들이었다.

아니, 코로나 바이러스 발열 체크하듯 매일 같이 고객 반응을 체

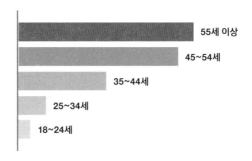

어느 캠페인 시작 직후, 고령층 시청률이 높게 나타난 적이 있었다.

크하고 있었는데 대체 뭐가 문제였을까? 캠페인은 예상했던 방향과
는 전혀 다르게 흘러가고 있었다. 타깃들을 하나씩 뜯어보기 시작한
지 얼마 지나지 않아 기본적이면서도 중요한 사실 한 가지를 놓쳤음
을 알았다.

"아, 이게 관심사 타깃군 내 고령층부터 우리 광고를 시청하게 되네."

대체 왜일까? 유튜브 광고의 입찰 방식과 노출 원리를 생각해보
면 이해가 간다. 기본적으로 MZ세대는 많은 광고주들이 원하는 타
깃이다. 누구나 그들에게 광고를 하고 싶어 한다(물론 실버보험 광고주
는 예외다). 그러다 보니 많은 광고주들은 그들에게 광고를 노출하기
위해 '경쟁'한다. 결국 MZ세대의 인당 도달 비용은 올라가고, 상대적
으로 경쟁이 덜 치열한 고연령층에게 광고가 우선 노출되는 것이다.
특별한 연령 제한을 걸지 않았다면 더더욱 말이다. 게다가 고연령층

은 광고 회피 경향도 좀 덜한 편이다. 광고가 노출되었을 때 스킵버튼을 누르는 비율이 더 낮다는 말이다. 실제로 조회율VTR을 비교해보면 그 차이가 확연히 드러난다.

이 모든 현상이 합쳐지면서 우리가 세팅한 '관심사' 타깃군 중 연령이 높은 타깃부터 광고가 노출된 것이다. 즉, 우리가 원하는 2030대가 아닌 5060대의 고연령층부터 우리 광고를 시청했다는 말이다.

해결 방법은 생각보다 단순하다. '연령 타깃' 조건을 동시에 걸어주는 것이다. 'IT관심 고객'에게만 타겟팅을 할 게 아니라, 그 고객들 중에서 '25~44세 고객'도 중복 타겟팅을 설정하면 좋다. 물론 그렇게 타겟팅을 해도 25세보다는 44세 고객에게 더 많은 광고가 노출될 수 있다. 이런 결과를 원치 않는다면 각 연령별로 광고비 집행 비중을 조정하는 것도 방법이다.

물론 앞서 언급했던 것처럼 연령 타겟팅은 참으로 구시대적 발상이다. 연령이 높아도 취향을 공유하며 구매력과 소비력을 가진 고객이 분명 존재하기 때문이다. 그러나 우리 광고가 오로지 고연령에게만 노출된다는 것은 전혀 다른 문제다. 특별히 실버 마케팅을 기획한 것이 아니라면, 최초의 기획 방향과 다른 결과가 나올 수 있다.

문제2) 원하는 타깃에 광고하려면 너무 비싼데?

우리가 타깃군으로 잡은 고객들에게 광고를 하려면 도달 비용이 유난히 비싼 경험을 한번쯤은 해봤을 것이다. 대부분의 광고주들이

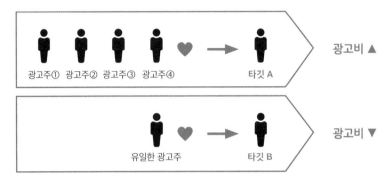

유튜브 광고비는 입찰 방식으로 정해진다.
광고주가 몰리는 타깃군에 광고를 노출하려면 더 높은 광고비를 지불해야 한다.

관심을 갖는 고객군이 비슷하기 때문이다. 주로 MZ세대와 소비 주도형 라이프 스타일을 가진 고객에게 광고를 하고 싶어 한다. 극도로 소비를 하지 않고 미디어를 싫어하는 이들에게 예산을 퍼붓는 마케터는 흔치 않다. 그러다 보니 대다수의 광고주들이 한정된 타깃군에 몰리고, 입찰 방식으로 책정되는 유튜브 광고비는 자연스럽게 올라갈 수밖에 없다.

고가의 프리미엄 스마트폰을 판매하는 마케터라고 가정해보자. 메인 타깃은 30대 직장인이며 IT기기에 관심이 많은 도시 생활자로 설정할 수 있다. 거기에 1.5년 이상된 단말기를 소유한 고객이라면 좀 더 메인 타깃에 가깝다. 이런 타깃은 스마트폰뿐만 아니라, 자동차나 온라인 게임의 타깃도 될 수 있다. 이렇게 하나둘씩 광고주들이 몰리면 가격은 올라간다. 한 사람에게 노출하는 시장 평균 비용은 30원이었는데, 우리가 생각하는 메인 타깃에게 노출하려면 40원은 써야 하는 일이 벌어지는 것이다.

여기서 고민이 생긴다. 꼭 우리가 '30대'에 'IT기기'에 관심이 많으며 '도시 생활'을 하고 있는 사람에게만 광고를 집행해야 하나? 그것도 40원이나 내고? 꼭 IT기기에 관심이 있는 타깃으로만 한정할 게 아니라, '육아'에 관심 있는 사람은 어떨까? 아기 사진도 많이 찍을 테니 카메라 성능이 좋은 핸드폰에 관심이 있지 않을까? 여기까지 생각했다면 훌륭하다. 발상을 다양하게 할수록 메인 타깃뿐만 아니라 잠재고객으로까지 타깃을 확장할 수 있다.

문제는 광고가 집행됨에 따라 각 타깃군별 도달 비용에 큰 차이가 날 때다. 그러니까 메인 타깃에게 노출하는 비용은 점점 비싸지는데, 잠재고객(서브 타깃)에게 노출하는 비용은 낮아질 때가 있다. 쉽게 말해 메인 타깃에는 40원은 써야 우리 광고를 노출시킬 수 있는데, 서브 타깃은 고작 20원만 써도 우리 광고를 충분히 노출시킬 수 있는 것이다. 이럴 때 마케터는 당연히 모든 예산을 서브 타깃으로 옮기고 싶은 충동을 느낀다. 적은 비용으로 최대한 많은 고객에게 노출할 수 있으니 말이다. 이것은 과연 합리적인 선택일까?

한 가지 확실한 건, 오직 효율만을 생각해 예산을 옮기는 일은 피해야 한다는 것이다. 초심으로 돌아가 우리가 광고를 왜 집행하는지 근본적인 질문을 할 필요가 있다. "비쌀지라도 확실한 타깃에게 유효타를 날릴 것인가, 조금 저렴한 서브 타깃에게 최대한 많이 노출할 것인가?" 그리고 또 한 가지, 메인 타깃의 가치와 서브 타깃의 가치를 비교해야 한다. "도달 비용이 40원짜리인 메인 타깃과 20원짜리인 서브 타깃에게 기대하는 가치는 과연 얼마일까?"라고 스스로에게 질문해보자.

물론 즉시 판매가 이루어지는 상품이 아닌 이상, 직접적인 투자수익ROI을 측정하며 비교하긴 어렵다. 그러나 여기서 중요한 건 메인 타깃과 서브 타깃의 도달 비용과 기대 가치를 비교하며 예산을 편성하고 운영해야 한다는 것이다.

✋ 이것만 봐도 OK

지금까지 타겟팅 6종 세트와 타겟팅을 진행할 때 발생할 수 있는 문제 2가지를 살펴봤다. 고연령 쏠림 현상이 발생하는 경우와 메인 타깃군이 비싸고 효율이 떨어지는 경우 모두 현재의 타겟팅 구조상 필연적으로 발생하는 그림자 같은 부분이다.

따라서 이를 어떻게 통제할 것인지 사전에 인지하고 타깃 설정을 진행해야 한다. 고연령 쏠림 현상은 연령 타깃을 중복으로 걸어주는 운영의 묘가 필요하고, 메인 타깃은 비싸더라도 일정 포션을 가지고 가야 한다. 효율성에만 집중하면 진짜 광고해야 할 메인 타깃을 놓칠 수 있기 때문이다. 또한 각 타깃군별 가치와 광고 집행 효과를 면밀하게 비교하며 예산 비중을 조절해 운영해야 한다.

타깃 마케팅은 유튜브 광고의 꽃이라고 불릴 만큼 훌륭한 기능이다. 이 기능만 정교하게 사용해도 광고 효과는 크게 달라질 수 있다. 고객을 더 잘게 쪼개고 더 정교하게 타겟팅해보자.

📋 3줄 요약

| 유튜브 타깃 마케팅을 진행하면 고연령 쏠림 현상과 메인 타깃군이 유난히 비싸다

  는 문제점 발생.

| 고연령 쏠림 현상은 연령 타깃을 중복으로 걸어주면 해결 가능.

| 메인 타깃 마케팅은 비싸더라도 일정 부분 진행하고, 서브 타깃군을 탄탄하게 보강

  해서 예산과 효과의 균형을 맞춰야 함.

YouTube
Marketing Insight

주목받는 콘텐츠엔 ABCD가 있다

구글이 수천 개의 광고를 분석해 얻은 원칙

앞서 유튜브 광고의 도입부 5초를 어떻게 활용할 것인지 이야기 했다. 이번에는 도입부뿐만 아니라 유튜브 광고 전체를 구성할 때 참고할 수 있는 프레임워크Framework를 공유하고자 한다. 이는 구글에서 수천 개의 광고를 분석한 결과값을 기반으로 한다. 과연 광고의 어떤 부분이 고객의 마음을 움직였는지, 어떻게 고객의 눈길을 사로잡고 클릭을 불렀는지, 데이터 장인들이 한 땀 한 땀 분석한 결과를 함께 알아보자. 이름하여 ABCD 원칙이다.[6]

Attract, 어떻게 주목도를 높일 것인가

◇◇◇

유튜브 광고 영상은 초반에 유저들의 관심을 끌고 주의를 집중시켜야 한다. ABCD 원칙 중 A에 해당하는 것이 바로 이 Attract, 주의를 끄는 방법에 대한 것이다. 그 방법은 다음과 같다.

첫째, 타이트한 프레임을 쓰면 좋다. 유튜브 유저들의 약 70%가 모바일[7]로 유튜브를 본다. 대부분 6인치도 안되는 작은 화면으로 우리 광고를 볼 예정이라는 말이다. 혹시라도 세로로 휴대폰을 쥐고 가로형 광고를 본다면 손가락 두 마디 정도의 크기로 영상을 본다는 소리다. 때문에 광고 영상은 무조건 큼지막하게 잘 보이도록 만들어야 한다. 도심이 훤히 내려다보이는 원경보다는 건물을 타이트하게 잡은 근경이 좋고, 모델의 전신이 다 나오는 풀샷보다는 얼굴을 크게 잡는 클로즈업샷이 좋다.

둘째, 사람이 등장하면 좋다. 누구나 본능적으로 타인의 감정에 반응한다. 시작부터 사람이 등장하면, 주의를 집중시키고 감정적 자극을 줄 수 있다. 특히 클로즈업샷으로 타이트하게 잡은 모델과 시선을 마주하면 효과는 더 크게 나타난다.[8]

셋째, 도입부에 컷 전환이 있으면 좋다. 다양한 구도로 편집된 컷들은 주의를 집중시킨다. 보통 초반 5초에 2회 이상의 컷이 전환되면 좋다고 한다. 모바일 스크린 사이즈가 작기 때문에 컷이 빠르게 전환되어도 TV에 비해 피로도가 낮다. 다시 말해 TV의 호흡을 그대로 가져간다면 자칫 지루해질 수 있다는 의미다.

Brand, 어떻게 브랜드를 노출할 것인가

◇◇◇

'광고에 우리 브랜드를 어떻게 노출할까?'는 마케터에게 참으로 어려운 숙제다. 무작정 들이대면 오히려 거부감만 키울 수 있다. 부드럽고 자연스럽게 노출하되 기억에 남게 해야 한다. 여기서도 우리가 어떤 목적을 가지고 있느냐에 따라 전략은 두 가지로 나뉜다.

첫째, 광고 회상도를 높이려는 목적이라면 초반 5초 이내에 브랜드를 노출해야 한다. 이때 소위 통자막이라고 불리는 큰 자막을 활용하면 좋다. 또한 모델이 직접 목소리를 내어 브랜드 이름을 말하는 게 포인트다. 일반적으로 사람들은 하나의 감각만 자극할 때보다 둘 이상의 감각을 동시에 자극할 때 더 잘 기억한다.[9] 광고에서 활용할 수 있는 시청각을 최대한 사용하자.

내 경험에 따르면 광고 도입부에 갑자기, 그것도 통자막으로 브랜드를 직접 노출한 적은 거의 없었다. 다짜고짜 기업 브랜드를 노출하면 김이 샐뿐더러 더 많은 스킵을 유도할 수 있다고 생각했기 때문이다. 다만 신규 론칭하는 브랜드나 캠페인은 5초 이내에 브랜드 노출을 진행한 적이 있다. 일단 익숙하게 만드는 것이 인지와 호감에 유리하게 작용할 것이란 판단 때문이었다.

둘째, 구매고려도를 높이려는 목적이라면, 광고 안에 브랜드를 녹여야 한다. 광고 스토리의 일부로 브랜드를 자연스럽게 노출해야 한다는 말이다. 제품 광고라면 실제로 사용하는 모습을 보여주는 게 유리하다. 고객들이 광고 내용을 쉽게 이해하고 우리 브랜드와 상품

의 강점을 충분히 인지할 수 있도록 돕기 위해서 말이다. 이런 구성
은 '문제 상황–해결' 구조로 다수의 광고에서 볼 수 있다.

Connect, 어떻게 고객과 연결시킬 것인가

◇◇◇

지금까지 고객을 어떻게 끌어당기고, 우리 브랜드를 어떻게 노출
시키는지를 살펴봤다. 이제는 ABCD 원칙 중 C, Connect에 해당하
는 것을 고민할 차례다. 광고를 단순한 광고로 끝내지 않고, 고객과
조금 더 밀착하게 만드는 방법은 무엇일까? 광고를 고객과 연결시킬
수 있는 요소는 스토리 그 자체일 수도 있고, 메시지나 사람일 수도
있다. 하지만 이런 수많은 요소 중 딱 한 가지만 짚자면, 바로 '감정
활용'이다.

우리는 누구나 감정을 변화시키는 요소에 반응한다. 예컨대 유머
를 통해 즐거움이라는 감정을 느끼면 광고 수용성이 증가한다. 마찬
가지로 액션이나 호기심 유발을 통해 사람들의 감정을 자극할 수도
있다. 우리 광고에는 어떤 감정적 요소를 적용할 수 있을지 찾아보고
적용해보자.

❷ 엔드 카드(End Card)

❶ 클릭 유도 문안
(CTA Extension)

광고 소재 내 명확한 행동을 안내하는 것이 좋다.

Direct, 어떻게 행동하게 할 것인가

◇◇◇

광고를 보고 있는 고객들에게 어떻게 행동해야 하는지 정확하게 안내해주는 것이 좋다. '지금 클릭을 하라'고 하든지, '지금 구매를 하라'고 정해주는 것이다. 특히 유튜브에서는 CTA Call to Action라고 부르는 일종의 작은 팝업을 광고 중에 띄울 수 있는데, 이를 통해 고객이 지금 당장 클릭하게끔 유도할 수 있다. 이런 특징을 적극 활용한다면 광고를 본 고객을 구매자로 바로 전환시킬 수도 있다. TV 광고에서는 절대 할 수 없는 방법이다.

광고에 프로모션 내용이나 할인 내용을 고지할 경우 광고 회상, 구매고려, 구매의도 등 모든 분야에서 긍정적인 영향을 미치는 것으로 밝혀졌다. 또한 기간 한정이나 한정 수량 등을 적극 어필하면 호기심 유발에도 도움이 된다. 이런 특징을 잘 버무려 광고에 기간 한정 프로모션을 고지하고 CTA로 클릭을 유도하면, 실제 클릭률이 올라가는 경험을 할 수 있다. 1부에서 언급한 '트루뷰 포 액션' 광고 상품을 이용한다면 로 퍼널에 있는 고객을 실제 구매로까지 연결시킬 수도 있다.

 이것만 봐도 OK

인간의 창의성만큼은 AI가 대체하기 어려운 부분이 아닐까 싶다. 특히 광고 제작 같은 크리에이티브한 영역은 더 그렇다. 하지만 안타깝게도 그 영역이 점점 무너지고 있음을 느낀다. 벌써 일본에서는 AI 크리에이티브 디렉터(CD)가 쓴 카피를 실제 지면 광고에 싣기도 했다. 아마도 AI CD님을 모시고 일해야 하는 날이 멀지 않은 것 같다. AI CD님이 화는 안 내실 것 같아 다행이지만, 정작 내가 할 수 있는 일이 줄어드는 것 같아 초조해진다. 일단 그날이 오기 전까지 ABCD 원칙 정도는 완벽하게 알고 있는 것이 좋을 테다.

콘텐츠 마케팅을 준비하고 있는 마케터라면 ABCD 원칙을 기반으로 체크리스트를 만들어보자. 이미 여러 편의 콘텐츠를 만들어 마케팅을 진행 중인 마케터라면 내가 기획한 콘텐츠와 ABCD 원칙을 비교해보는 것도 좋겠다. ABCD 원칙을 반영해 수정하고, 퍼포먼스를 비교하는 것은 마케터에게 큰 자산이 되리라 믿는다.

📋 3줄 요약

| 광고를 만들 때 고려하면 좋은 ABCD 원칙.

| 타이트한 프레임, 빠른 편집 등으로 주목도를 높였는가(Attract), 목적에 따라 5초

안에 브랜드를 전면에 내세우거나 광고 스토리에 브랜드를 녹여 자연스럽게 브랜드

를 노출했는가(Brand)를 체크.

| 감정이나 유머를 활용해 광고와 고객을 연결시킬 방법을 찾았는가(Connect), 광고

를 보고 고객이 어떤 행동을 해야 하는지 명확하게 제시했는가(Direct)를 체크.

우리 브랜드의 해시태그는 뭘까?

유튜브 마케터를 위한 해시태그 사용법

"우리 회사 유튜브 광고엔 왜 이렇게 해시태그가 없죠?"

"네?"

어떤 직장인이나 마찬가지일 거다. 경영진의 호기심과 지나친 관심은 실무자에게 날벼락으로 느껴질 때가 많다. 저런 질문을 받는 날은 그야말로 마른 하늘에 날벼락을 맞는 날이다. 누구나 어디서든 쉽게 볼 수 있는 광고를 담당한다는 건 그 날벼락의 횟수가 남들보다 좀 더 많다는 의미이기도 하다.

심지어 상사뿐만 아니라 일반인에게조차 한소리를 듣고는 한다. 언젠가 광고 촬영을 마친 후 꼭두새벽에 택시를 타고 퇴근하던 날,

기사 아저씨가 물었다. "뭐하다가 이 새벽에 가세요?" 자연스레 광고 촬영 얘기가 나왔고, 아저씨는 기다렸다는 듯 말했다. 요즘 광고는 임팩트가 없다는 둥, 예전엔 '잘자, 내 꿈 꿔'부터 '여러분 부자되세요'까지 기억에 남는 게 많았다는 둥, 김희선 같은 모델이 안 나온다는 둥. '말은 쉽지'. 택시 문짝을 유난히 세게 닫았는데 아저씨가 눈치챘는지 모르겠다.

이럴 때면 남의 눈에 안 띄는 일을 하면 얼마나 좋을까 싶다. 그리고 너무 복잡하고 어려운 기술이라 도저히 해당 분야 전문가가 아니면 알 수 없는 일이면 금상첨화고 말이다. 가령 스타크 인더스트리에서 아크 원자로를 만든다거나 아이언맨 심장을 고치는 대단히 어려운 일을 한다면 어떨까? 섣불리 누군가가 삼중수소 융합반응식을 바꿔보라고 다그치지는 않을 텐데 말이다. 하지만 또 곰곰이 생각해 보면 일의 결과물이 만천하에 드러난다는 사실이 일하는 재미를 주기도 한다. 고생을 하더라도 마침내 세상에 등장하는 광고를 보면 뿌듯하기 그지없으니 말이다.

우리 브랜드의 해시태그

◇◇◇

다시 처음의 질문으로 돌아가 보자. 우리 회사 유튜브 광고의 '해시태그'가 왜 이리 없냐니, 대체 이게 무슨 말일까? 질문의 맥락을 확인해 보니 대략 이렇다. 얼마 전 임원을 대상으로 외부 강사가 강의를 했다. 문화 트렌드와 마케팅에 해박하다고 정평이 나 있던 사람이었다. 강사는 이렇게 말했다.

"세상의 모든 브랜드는 저마다의 해시태그를 가져야 합니다."

그러니까 브랜드가 추구하는 지향점과 콘셉트, 정신을 딱 하나의 인상적인 단어로 포지셔닝해야 한다는 말이다. 그렇게 하면 고객에게 한마디 단어로 마케팅하며 충분한 임팩트를 줄 수 있다는 의미기도 하다. 나 또한 같은 주제의 강의를 고개를 끄덕이며 들었던 기억이 난다. 여기서 해시태그는 중의적이다. 그러니까 sns에 '#' 기호를 붙인다는 의미 이외에, 우리 아이덴티티를 보여주는 단 하나의 '심벌' 이라는 의미로도 사용된 것이다. 그런데 문제는 다음이었다.

"기업들은 자사 브랜드만의 해시태그를 마케팅에도 이용해야 해요. ○○브랜드가 #○○○이라는 해시태그를 선점한 것처럼요. 여러분들은 어떤 해시태그를 선점하시겠어요?"

강사는 해시태그 선점을 역설하며 마케팅에도 적극 활용해야 한다고 강력하게 말했다. 그런데 이 말은 '인스타그램' 마케팅을 전제로 한다. 인스타그램에서는 해시태그를 클릭하여 검색하는 고객도 많고, 실제로 키워드 선점을 통한 기업 마케팅이 어느 정도 먹히는 것도 사실이다. 하지만 유튜브는 좀 다르게 돌아간다는 게 문제다.

어쨌든 강의 이후, 부쩍 사내에서 해시태그에 대한 관심이 높아졌다. 아마도 누군가는 이런 궁금증을 가졌을 테다. '우리 회사 브랜드의 아이콘 같은 한 단어는 뭐지? 지금 돌아가고 있는 광고의 해시태그는?' 그리고 유튜브 기업 채널을 쓱쓱 넘겨보며 해시태그도 별로 없고, 그다지 신경을 쓴 것 같지도 않다고 느꼈을 테다. 그래서 '요놈들! 내가 이럴 줄 알았어! 나만의 해시태그를 만들어서 선점해야 하는데 말이지!'라는 의식의 흐름이 나에게까지 전달됐을 것이다.

해시태그를 제대로 사용하라는 말에 과연 나는 무슨 대답을 꺼냈을까? 그 내용을 이번 편에 풀어본다. 차분하게 따라가다 보면 유튜브의 영상 노출 로직이 자연스레 드러난다. 흥미로운 부분이라 마케터뿐만 아니라 개인 유튜브 채널을 관리하는 이들에게도 실질적인 도움이 될 수 있다. 그리고 지금 당장 써먹을 수 있는 유튜브 해시태그 사용팁도 소소하게 알 수 있다.

유튜브의 해시태그

◇◇◇

유튜브도 인스타그램처럼 해시태그 기능을 제공하지만, 막상 유튜브에 해시태그가 있는지도 모르는 사람이 태반이다. 대부분 '추천'과 '검색'을 통해 영상을 감상하기 때문이다. 그럼 해시태그는 구석에 처박아두고 써도 그만 안 써도 그만일까? 아니다, 잘 써야 한다. 해시태그가 '추천 알고리즘'에 영향을 미칠 수 있기 때문이다. 추천 알고리즘이라니, 이 얼마나 유튜브 세계에서 중요한 포인트인지 유튜브에 영상을 딱 한 편이라도 올려본 사람은 잘 알 거다. 유튜브 추천 알고리즘의 간택을 받지 못한 영상은 세상에 존재하지 않는 영상이나 다름없다.

#신비아파트 #키즈폰 #신비폰

살을 주고 뼈를 취한다? [KT 신비 키즈폰] [더빙판]

조회수 443만회 · 1개월 전

👍 380   👎 24   공유   오프라인 저장   저장

kt KT - 케이티   구독중 🔔

댓글 185

유튜브도 해시태그를 제공한다.

누군가는 해시태그의 효용성을 높이려면 많이 붙일수록 유리하다고 생각할 수 있다. 혹시라도 누군가 관심거리를 검색했을 때 얻어걸려서라도 노출될 여지가 있기 때문이다. 예를 들어 내가 지난 여름 포르투갈의 포르투로 여름휴가를 다녀온 영상을 하나 찍었다고 가정해보자. 이 영상은 #포르투여행이라는 해시태그를 달아서 포르투여행을 검색한 사람에게 노출하는 것도 좋지만, 좀 더 확장해 #포르투갈이나 #포르투갈여행 같은 해시태그를 달 수도 있다. 같은 맥락에서 #유럽여행이나 #여행 혹은 #여름휴가 등으로 확장할 수도 있다.

많을수록 좋은 거 맞아?

◇◇◇

생각할수록 좀 이상하다는 생각이 든다. 해시태그를 최대한 많이 쓰는 게 정말 효율적인가 싶기 때문이다. #유럽여행을 검색했거나 그에 관심이 있는 사람에게 내가 올린 영상이 어쩌다 노출될 수는 있겠지만, 함께 노출되는 다른 영상과 비교하면 내 영상은 경쟁력을 갖기 어렵다. 유럽 여행을 검색한 사람들과 강력한 연결성을 갖는다고 보기도 어렵다. 유럽 여행을 검색한 사람 중에는 포르투를 좋아하는 사람도 있지만, 파리나 로마를 좋아하는 사람이 더 많을 수 있기 때문이다. 그래서 #유럽여행을 검색한 사람은 #포르투여행을 검색한 사람보다 내 영상을 좋아할 가능성이 낮다. #여행이나 #여름휴가를 검색한 사람은? 말해 뭐하나.

그게 뭐 어떠냐고 반문할지 모르겠다. 그렇게라도 얻어걸려 한 번이라도 더 노출할 수 있다면 좋은 게 아니냐고 말이다. 아니다, 틀렸다. AI는 우리 영상의 일거수일투족을 지켜보고, 사람들이 이 영상을 좋아하는지 아닌지를 쉴 새 없이 계산한다. 좋아한다면 과연 얼마나 오랜 시간 시청하고 반응하는지도 꼼꼼하게 체크한다. 피도 눈물도 없다. 관련성이 낮은 해시태그를 달면 안 되는 이유다. 어쩌다가 우리 영상이 검색한 이들에게 노출된다 하더라도 유저들이 회피하는 경향이 자주 나타난다면 결과는 뻔하다. AI가 "아, 사람들이 안 좋아하는 영상이구나!"라고 생각하면, 자연스럽게 우리 영상은 알고리즘의 간택에서 점점 멀어진다.

#는 곧 배틀그라운드

◇◇◇

쉽게 말하자면 유튜브의 해시태그는 싸움할 장소, 즉 '배틀그라운드'를 고르는 일이다. 반드시 이길 수 있는 영역을 선정하면 우리의 승률(노출 대비 시청비율)은 자연히 올라간다. 우리 영상이 꽤 괜찮은 영상으로 분류될 수 있고, 유튜브 노출 알고리즘의 간택을 받을 확률도 올라간다는 의미다. 그러므로 승률을 높일 수 있는 해시태그를 달아야 한다. 반드시 영상과 연관성이 높은 해시태그를 말이다. 친절하게도 유튜브 고객센터에서는 다음과 같이 설명하고 있다.

과도한 태그: 동영상 1개에 지나치게 많은 태그를 추가해서는 안 됩니다. 동영상에 태그를 많이 추가할수록 검색 중인 시청자에게는 관련성이 낮은 동영상으로 표시됩니다. 동영상에 15개가 넘는 해시태그가 있는 경우 YouTube에서는 동영상의 모든 해시태그를 무시합니다. 태그를 과도하게 추가하면 업로드 또는 검색결과에서 동영상이 삭제될 수 있습니다.

(출처: 유튜브 고객센터)

구글의 AI는 영상과 텍스트를 단서 삼아 콘텐츠를 분류한다. 그리고 이는 추천과 검색에 영향을 미친다. 이때 해시태그는 마케터가 AI의 분류에 영향을 줄 수 있는 하나의 수단이다. 단순히 제목과 본문에 작성한 텍스트를 넘어 이 영상의 키워드가 무엇인지, 가장 집중해야 할 주제가 무엇인지 딱 짚어서 보여주기 때문이다. 물론 해시태그 하나만으로 추천 결과나 검색 결과에 큰 영향을 미치는 건 아니다. 구글 알고리즘은 제목, 본문 텍스트, 영상 내용뿐만 아니라 사람들의 시청 시간과 참여도를 종합적으로 고려해 노출 우선순위를 정하기 때문이다.[10]

사고의 틀을 확장해주는 도구,

◇◇◇

잠시 유튜브를 벗어나 다른 SNS나 웹페이지로 눈을 돌려보자. 이곳저곳에서 해시태그를 쓰지 않는 곳이 없다. 정보와 데이터가 넘쳐나다 못해 바닷가 모래알처럼 흔해 빠진 일상 속에서, 해시태그는 흩어져 있는 정보를 한데 모으는 역할을 한다. 특히 주제별 모아보기를 통해 큰 도움을 준다.

이러한 혁신적인 힘 때문인지 해시태그는 짧은 시간 동안 빠르게 전파되어 이제 안 쓰는 곳을 찾아보기 어려울 지경이다. 유튜브나 인스타그램뿐만 아니라 각종 SNS에서 어김없이 사용된다. 심지어 메모장이나 노트 프로그램에서도 활용된다. 노트나 메모장도 순서대로 찾아봐야 하는 선형적 구조를 벗어나기 시작했다는 의미다. 순서대로, 혹은 폴더나 트리 형태로 분류하는 것이 아닌, 해시태그를 이용해 주제별로 모아보기가 가능해졌다. '다차원 분류'가 가능해진 것이다.

컴퓨터 속 파일을 폴더별로 정리하는 것은 선형적 사고를 대변한다. 이는 현실세계에서 서류들을 서류철에 모아 넣고 캐비닛에 보관하던 시대를 형상화한 것이다. 이러한 방식은 직관적이지만, 최초의 방식에서 벗어나 새로운 체계를 만들기가 쉽지 않다는 한계가 있다. 또 하나의 자료를 동시에 여러 카테고리로 묶을 수도 없다.

예컨대 이탈리아 여행 사진첩을 여행 폴더로 분류했다면, 여행이라는 카테고리를 기억해야 사진을 확인할 수 있다. 그런데 해시태그는 이런 분류 방식을 뛰어넘는다. 이탈리아 사진들은 여행 폴더로 묶을 수도 있지만, 음식 사진만 모아서 맛집 폴더로 묶을 수도 있다. 이전 방식을 따른다면 이탈리아 사진을 두 장씩 출력해서 분류해야 할 것이다. 여기에 밤에 찍었던 사진만 모아보고 싶어지면, 세 장씩 출력해서 분류해야 할까? 가능하겠지만 여간 번거로운 일이 아니다.

하지만 해시태그는 놀라운 방법을 제공한다. 내 눈앞의 무수한 데이터들을 해시태그별로 분류해 모아볼 수 있게 만든다. 어떤 사진들은 시기별로, 또 어떤 사진은 나라별로 모을 수 있는 것이다. 분류 기준을 자유자재로 바꾸면 작게는 내가 필요한 것들만 쏙쏙 모아볼 수 있다는 장점이 있고, 크게는 맥락을 만드는 사고의 확장이 가능해진다. 다른 사람이 만들어놓은 분류를 일방적으로 흡수하는 것이 아니라, 내게 필요한 검색 '키워드'가 뭔지 알고 잘 활용하는 사람이 정보를 묶어 새로운 의미를 만들어낼 수 있기 때문이다. 미래에는 '얼마나 많이 아는가가 아닌, 어떤 질문을 던질 것인가'가 교육의 목적이 될 수 있듯이 말이다.

그렇기에 해시태그의 등장은 가히 혁명적이다. 이런 사실을 간파해 그대로 짚어낸 책이 바로 김정운 교수의 《에디톨로지》다. 그는 이 책에서 '편집할 수 있다는 건, 수많은 정보 속에서 맥락과 의미를 만들어 낼 수 있다는 것'이라는 말을 한다. 새로운 맥락과 의미가 바로 창조로 이어지는 것이다. 결국 해시태그도 마케터라는 창조자에게 풀과 가위를 쥐어주는 행위다. 무수히 많은 이미지와 데이터를 내 맘대로 편집할 수 있는 힘을 주는 것, 나만의 관점으로 분류할 수 있게 만들어 주는 것. 그게 바로 해시태그가 갖는 본질이자 힘이다.

이제 다시 유튜브로 돌아가보자. 유튜브는 마케터에게 해시태그 기능을 제공하고, 활용 방법까지 소개하고 있다. 하지만 그저 유튜브를 시청하는 일반인 입장에서 본다면, 굳이 해시태그 기능을 찾아서 사용할 일은 많지 않다. 키워드로 검색하고, AI가 추천하는 검색 결과를 보는 편이 더 간편하고 쉽기 때문이다. 결국 해시태그가 갖는 다차원 분류라는 강력한 장점을 '검색과 추천 알고리즘'이라는 심플한 기능이 압도하는 것이다. 무엇이든 검색어로 넣을 수 있기에, 우리는 이제 원하는 키워드를 입력하기만 하면 그 어떤 추천도 받을 수 있다. 연관성이 높은 순서대로, 사람들이 유용하다고 느끼는 순서대로 말이다.

해시태그가 다차원 분류를 가능하게 해 사고의 틀을 확장했다면, 유튜브의 검색 기능과 AI 기반의 추천 알고리즘은 사람들이 스스로 콘텐츠를 분류할 필요가 없게 만들었다. 그렇다면 이제 마케터는 무엇을 해야 할까? 단순히 해시태그를 잘 쓰는 것을 넘어, 검색과 추천 기반의 유튜브 생태계에서 우리 영상이 어떻게 분리되고 추천되는지 알아야 한다.

'우리 브랜드의 해시태그는 뭘까'에서 시작한 이야기가 무려 사고의 확장까지 이어졌다. 다시 한번 정리해보자면, 해시태그는 우리 브랜드를 한마디로 대표하면서 이슈를 선점할 수 있는 마케팅 키워드로 사용할 수 있다. 귀에 쏙 들어올 만한 좋은 단어가 있다면 인스타그램을 통해 적극 활용해보는 것도 좋다.

물론 유튜브에서는 활용 방식이 다르다. 제목 위에 단 3개만 노출되는 유튜브 해시태그는 우리 영상이 어떤 영상과 맞붙을 것인가를 정하는 단초가 될 수 있다. 이른바 배틀그라운드를 정하는 일이다. 그러니 반드시 경쟁해서 이길 수 있는 핵심 영역을 엄선해 해시태그를 넣어야 한다.

해시태그는 각종 노트나 메모장 어플에도 적용되어 자료를 다차원으로 정리하고 분류할 수 있게 해준다. 이 다차원 분류는 우리가 사고하는 방식에도 영향을 미칠 수 있다. 선형적인 분류 방식을 넘어 다양한 방식으로 요리조리 분류할 수 있게 만들기 때문이다. 다양한 정보를 묶어 새로운 맥락을 만들 수 있는 사람이야말로 오늘날 우리 사회의 진짜 능력자가 아닐까?

이 모든 것의 가능성을 열어주는 것이 바로 해시태그가 가진 힘이다. 다만 유튜브의 '검색과 추천 알고리즘'은 해시태그의 이런 장점마저도 뛰어넘는다. 이제는 내가 원하는 키워드가 무엇이 됐든 그와 연관된 자료를 바로 확인하게 해주니 말이다. 사고의 확장을 넘어 이제 우리 사고의 틀은 무한히 팽창할 수 있다. 마치 유튜브 검색창에 입력할 수 있는 단어가 무한대로 늘어난 것처럼 말이다.

그러니 마케터인 우리는 영상에 어떤 해시태그를 넣을지 고민하는 것도 중요하지만, 지금 핫한 플랫폼에서 어떤 일이 일어나는지 아는 것이 훨씬 더 중요하다. 유튜브에서는 해시태그가 왜 잘 눈에 잘 띄지 않는지, 사람들이 왜 잘 이용하지 않는지 이제 좀 감이 오지 않나.

#오늘의글 #끝

📋 3줄 요약

▎유튜브의 해시태그는 다른 SNS의 해시태그와는 성격이 다름.

▎유튜브 해시태그는 많다고 좋은 것이 아니므로 최대한 신중하게 넣는 것이 좋음.

▎해시태그보다는 유튜브의 추천 알고리즘을 파악하고, 활용할 줄 아는 마케터가 돼야 함.

우리 회사 마케팅 점수는요

셀프 측정 지표로 확인하는 우리 회사 마케팅 레벨

디지털 트랜스포메이션이 대세다

"디지털 트랜스포메이션이 안 나오는 곳이 없네."

디지털 트랜스포메이션Digital Transformation은 사회 전반, 생활 전반에 디지털 기술을 적용해 변화를 주는 것이다. 쉽게 말해 IoT, AI, 빅데이터, 클라우드 등으로 업무 방식이나 생활 방식을 혁신적으로 변화시키는 것. 그렇다. 이제는 기업 보고서에 이 용어가 빠져 있다면 뭔가 허전하다. 42년 전통의 곰탕집에서 마지막에 대파 넣는 걸 깜빡한 듯한 아쉬움이랄까. 게다가 이런 변화는 가속화되고 있다. 지금까지의 디지털화는 시대적 요구에 화답하기 위해 어쩔 수 없이 등 떠밀려 진행된 경향이 있었다면, 포스트 코로나 시대의 디지털화는 어쩐지 실전으로 바로 투입되는 느낌이다.

마케팅 영역도 예외일 수 없다. 고객을 라이프스타일에 따라 세부적으로 분류하고 개인화 메시지를 만들며, 반응을 추적하고 관리하기까지 이 모든 가능성에 다가갈 수 있는 디지털화를 피할 이유가 없다. 정도와 속도의 차이가 있을 뿐 방향은 모두 같은 곳을 향하고 있다.

그렇다면 우리는 각종 디지털 기술을 활용해 스스로 혁신하고 있을까? 우리의 사고와 관점, 일하는 방식, 목표와 성과 측정 방식이 혁신을 향해 가고 있나? 글쎄, 아마도 TV에서 틀던 광고를 유튜브에 트는 정도로 변하고 있는 게 아닐까?

"아닌데?"

누군가는 본인 회사가 그것보다는 더 낫다고 생각할지도 모르겠다. 어쩌면 상당 부분 디지털화를 이루었을지도 모를 일이다. 그렇다면 이러한 회사의 마케팅 성숙도에 과연 몇 점을 줄 수 있을까? 한번 측정해보고 싶은 호기심이 생긴다. 실제로 글로벌 리딩 기업들은 어떻게 하고 있는지, 그러니까 100점 맞는 기업은 과연 이 문제들을 어떻게 풀고 있는지 비교해보고 싶다. 그렇게만 한다면 우리의 현 상태를 좀 더 냉정하게 바라볼 수 있을 테니 말이다.

이런 고민을 해결하기 위해, 구글이 보스턴 컨설팅 그룹(BCG)과 협력해 구체적인 측정 지표를 만들었다. 6가지 부분으로 나뉜 총 50여 가지의 질문에 답을 하고 나면, 우리 회사가 현재 어느 정도 수준에 있는지 알 수 있다. 질문에 끝까지 다 답하고 나면 구체적으로 수치로 계량된 성적표가 나오기 때문이다. 뿐만 아니라 업계에서 가장 잘나가는 기업의 수준은 어느 정도인지, 그리고 업계 평균치는 어느 정도인지도 알 수 있다. 다른 회사와 비교하다보면, 어디를 보강해야 하는지도 자연스럽게 알 수 있을 것이다. 물론 영문으로 된 50여 개의 질문에 하나씩 답을 해나가는 일은 다소 인내심을 필요로 한다. 그렇지만 꼭 해보길 추천한다. 지금 우리의 상황을 객관적으로 볼 수 있는 기회가 될 수 있으니 말이다.

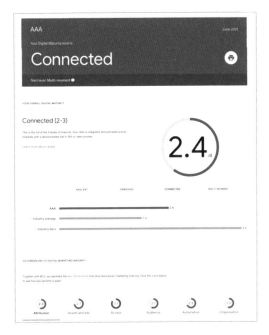

모든 문항에 답변이 끝나면, 이와 같은 성적표가 나온다.

마케팅 레벨 자가 진단 사이트 https://digitalmaturitybenchmark.withgoogle.com

직접 들어가서 꼭 해보길 바란다.

영문으로 된 질문에 답하는 것이 어려울 수 있지만, 분명 과정을 통해 배울 것이 있을 것이다.

흥미로운 점은 일단 문제를 풀다 보면 굳이 최종 성적표를 받지 않아도 느껴지는 게 있다는 점이다. 직접 링크를 타고 들어가 문항에 답을 꼭 해보라는 이유다. 질문이 반복됨에 따라 "아, 우리가 이런 걸 안 하고 있었구나", "아, 더 좋은 점수를 받으려면 이런 것까지 해야 되는구나"를 자연스럽게 알 수 있다.

소크라테스가 봤다면 무릎을 탁 치고 갔을 방법론이다. 과연 어떤 항목이 있을지 간략하게 살펴보자. 여기서 모든 문항을 다 다룰 수는 없다. 대신 6가지 부분을 대표할 만한 질문을 딱 1가지씩만 골랐다. 각 질문은 약 4가지의 보기 중에 답을 선택할 수 있다. 이 글에서는 답변에 나온 보기 중 최고 점수를 받을 수 있는 '베스트 보기'만 옮겨 적었다.

마케팅 성숙도 진단을 위한 질문 & 베스트 답변

Q1. [조직Organization] 다음 중 마케팅 활성화를 위해, 당신이 속한 조직의 프로세스를 가장 잘 묘사하고 있는 것은 어떤 것인가요?

조직들은 완전히 통합되어 있으며, 각 채널을 담당하고 있는 팀 간에 에자일 방식으로 일합니다. 이는 모든 관련 조직과 파트너사까지 동일한 상황입니다.

Q2. [접근성Access] 다음 중 귀사의 디지털 매체 구매 방법을 가장 잘 설명한 것은 무엇입니까?

우리는 다양한 거래 유형을 이용해 프로그래메틱 방식으로 매체를 구매합니다. 이러한 매체 구매는 디지털 채널 전반에 걸쳐 최적화됩니다. 일부 비디지털 매체도 프로그래메틱 방식으로 구매합니다.

Q3. **[고객Audience]** 다음 중 '잠재고객'을 가장 잘 설명한 것은 무엇입니까?

머신러닝 등의 고도 분석으로 도출된 다양한 고객 세그먼트를 말합니다.

Q4. **[자동화Automation]** 광고 크리에이티브 효과 최적화를 위한 자동화는 얼마나 구현되었습니까?

여러 매체에서 나타나는 고객의 행동 신호를 실시간으로 활용해 메시지를 구성합니다. 해당 메시지를 반영한 광고 크리에이티브 구성이 가능합니다. 그리고 이러한 최적화는 대부분 자동으로 이루어집니다.

Q5. **[성과 기여도 분석Attribution]** 트래킹Tracking 및 태깅Tagging 기능을 갖추고 있습니까?

모든 웹 사이트 및 앱에 태그 기능을 사용해 지속적으로 디지털 추적을 합니다.

Q6. **[자산과 광고Assets & Ads]** 커뮤니케이션 채널 간의 연결성은 어떻습니까?

온라인 및 오프라인 채널 간에 타임라인을 공유하며 조화롭게 조정됩니다.

결론은?

채널 통합, 실시간, 자동화, 데이터, 협업

위의 질문과 답변을 차분하게 따라가다 보면, 질문 내용이 몇 가지 키워드로 좁혀진다. 바로 '채널 통합, 실시간, 자동화, 데이터, 협업'이다.

'채널 통합'이란 다양한 디지털 채널들을 통합해서 관리할 수 있어야 함을 의미한다. 예컨대 네이버 실적과 유튜브 실적을 따로 보면 안 된다. 해당 채널들을 통합하여 노출과 도달은 물론 전환율까지 트래킹할 수 있다면 가장 좋다.

'실시간'이란 고객 데이터를 분석하고 인사이트를 도출해 최적화하는 과정이 지연 없이 이루어지는 것을 의미한다. 지연 없이 이루어지려면 당연히 '자동화'가 필수다. 자동화의 대상에는 예산의 최적 배분뿐만 아니라 카피나 이미지 등 크리에이티브 요소도 모두 포함된다. 물론 이러한 것들이 가능하려면 스스로 학습하고 판단하는 AI 기술이 전제되어야 한다.

이 모든 것들의 기저엔 '데이터'를 트래킹하고 가공하며 그 속에서 인사이트를 끄집어낼 수 있는 인프라가 필수다. 또한 이런 환경을 든든하게 서포트할 수 있는 다양한 인력들이 공통된 목표를 향해 원팀처럼 협력하는 '협업'이 필요하다.

IT 플랫폼, AI 기술, 인적역량

결국 마케팅 고도화를 위해서는 데이터를 기반으로 한 'IT 플랫폼, AI 기술, 인적역량'이 받쳐줘야 한다. 이 세 가지가 핵심이다. 그렇다면 지금 우리가 해야 할 일은 무엇일까? IT 인프라 구축을 위해 예산을 100억 정도 확보해야 하나? 아니면 데이터 마이닝Data Mining 전문가를 실리콘 밸리에서 섭외해야 할까? 후드티 입은 노란 머리 상무님을 모실 생각을 하니 가슴이 떨린다. 하지만 그렇게까지 거창하지 않아도 지금 당장 적용해볼 수 있는 것들이 있지 않을까?

우리가 주목할 것은 소소하지만 확실한 성공이다. 유튜브에 콘텐츠만 업로드하고, 광고만 조금 집행해봐도 파생되는 데이터 양이 상당하다는 것을 알 수 있다. 유튜브 플랫폼에서 확인하고 처리할 수 있는 다양한 방법들도 존재한다. 물론 유튜브 플랫폼과 다른 디지털 플랫폼을 통합하는 것은 전혀 다른 얘기지만, 적어도 유튜브 플랫폼 안에서는 최소한 위에 언급한 고도화 과정을 진행할 수 있다. 어떤 고객이 우리 광고를 보는지, 언제 보는지, 몇 번을 보는지, 얼마나 보는지 등을 파악할 수 있다. 그리고 그런 고객을 대상으로 리마케팅을 할 수 있고, 검색 광고와 연동해서 고객 구매 여정에 지속적으로 관여할 수도 있다. 이런 단순한 방법으로도 지금의 마케팅 고도화는 차근차근 만들어갈 수 있다.

나를 알아야 백전백승!

이 글을 처음 시작할 때 '디지털 트랜스포메이션' 이야기를 꺼냈다. 결국 마케팅 분야도 디지털 트랜스포메이션이 필수다. 변화를 위해 가장 먼저 할 일은 지금 우리 수준이 어느 정도인지 냉정하게 진단하는 것이다.

구글과 BCG가 만든 문항을 쭉 따라가다 보면, 그들이 강조하고 있는 바가 보인다. '채널 통합, 실시간, 자동화, 데이터, 협업'. 물론 이것들은 데이터를 기반으로 한 'IT 인프라, AI 기술, 인력'이 뒷받침되어야 한다. 물론 이 모든 것을 한번에 갖춰 나가기란 쉽지 않다.

그래서 지금 당장 할 수 있는 건 구글에서 구축해놓은 플랫폼을 이용하는 방법이다. 심플하게 디지털 광고를 집행하기만 해도 얻을 수 있는 데이터 양이 상당하다. 그것을 가공하고 처리하며 최적화시키는 방법도 다양하다. 그렇다면 파생된 데이터를 어떻게 요리할 것인가. 플랫폼의 활용 방법과 디지털 광고의 속성에 대해서는 이어지는 챕터들에서 하나씩 확인해 나가도록 하겠다.

3부

모르면
손해보는
광고 노출 원리

누가 친일파 영상에 광고를 붙이나

디지털 광고의 브랜드 세이프티 문제 上

징검다리 연휴 사이에 끼어 있는 평일 사무실 풍경은 대체로 한산하다. 대부분의 직원들이 알차게 휴가를 내기 때문이다. 당시 나는 예외였다. 광고 촬영이 얼마 안 남아 정리해야 할 일들이 있었기에 꾸역꾸역 출근한 참이었다. 한창 투덜거리고 있는데 한 통의 전화를 받았다. 수화기 너머 다급한 목소리의 주인공은 다름 아닌 국회를 담당하는 대관부서 직원이었다. 그 사람도 오늘 출근해서 짜증이 났나? 아침부터 호들갑이다. 그의 말에 따르면 국정감사 중에 우리 회사가 좋지 않은 쪽으로 언급됐다고 했다. 수화기 너머의 직원은 심각한 목소리로 말했다. 우리 회사의 유튜브 광고가 문제여서 뭔가를 해명해야 한다나?

"A 국회의원실에서 나온 얘기인데요. 극우 유튜버 영상에 우리 회사 광고가 집행되는 걸 봤대요."

"극우 유튜버 영상에요?"

"네. 어떻게 된 일인지 해명하라는데, 무슨 말인지 이해되세요?"

유튜브에는 가끔 정치적으로 극단적인 영상들이 올라온다. 그런 영상을 왜 올리나 싶다가도 관심과 이슈가 돈이 되는 세상이니 그러려니 한다. 문제는 해당 유튜브 채널에 하필 우리 회사의 광고가 붙었다는 거다. 누군가 봤다면 충분히 문제제기할 수 있는 상황은 맞다.

"그런데 사실 그 광고가 우리 의지대로 붙은 게 아니거든요."

"우리 의지가 아니라고요? 그럼 어디에 광고를 내보낼지 우리가 결정한 게 아니라는 건가요?"

"광고를 내보낸 건 우리 의지인데, 어디에 노출할지는 우리 의지가 아니라서요."

"그럼 우리 회사는 어디에 광고가 나갈지도 모르는 상태로 광고비를 지불하나요?"

질문을 받고 보니 이상하게 생각될 만도 했다. 그의 질문에 결론부터 말해보자면, 반은 맞고 반은 틀리다. 대체 어디가 맞고 어디가 틀리다는 것인지 함께 알아보도록 하자. 아, 그전에 한 가지 분명하

유튜브 '5·18 가짜뉴스'에…기업·정부 광고 황당

가짜뉴스에 기업 광고가 붙었다는 내용이 뉴스에 보도된 바 있다. (출처: JTBC)

게 짚고 넘어가야 할 게 있다. 바로 유튜브 광고의 '자동화 구매 방식'이다.

우리 광고가 어떤 채널에 노출될지 모른다고?

◇◇◇

'자동화 구매 방식'이란, 말 그대로 광고 슬롯Slot(또는 인벤토리Inventory)을 자동으로 구매하는 방식을 말한다. 물론 자동으로 구매한다고 해서 돈 되는 대로 아무거나 구매하는 건 아니다. 만약 그렇게 했다면 나는 진작에 잘려서 브런치에 백수 일기나 쓰고 있었을 거다.

흔히 프로그래매틱 광고Programmatic Advertising라고도 부르는 이 자동화 방식은 광고주가 원하는 특정 조건만 입력하면 나머지는 알아서 돌아간다. 해당 조건을 만족하는 광고 슬롯을 구글 알고리즘이 알아서 구매해 집행하기 때문이다.

가령 우리 회사에서 '스마트폰'에 관심 있는 고객에게 유튜브 광고를 한다고 가정해보자. 주제 타겟팅을 '스마트폰'으로 세팅하면 스마트폰과 관련된 영상에 우리 광고가 붙는다. 예를 들어 테크 리뷰 채널인 〈디에디트〉, 〈가전주부〉, 〈방구석리뷰룸〉 등에 광고가 붙는 식이다. 물론 이외에도 조건을 만족하는 수많은 채널에 우리 광고가 집행된다. 결국 광고주는 '스마트폰을 좋아하는 사람들이 볼만한 채널'에 우리 광고가 집행된다는 정도만 알게 된다. 구체적으로 어떤 채널에 집행될지는 알지 못한 채 말이다.

바로 이 점이 기존의 TV 광고와 큰 차이점이다. TV 광고는 광고주가 슬롯을 구매할 때 우리 광고가 어떤 TV 채널에 언제 노출되는지 인지하고 구매한다. SBS 8시 뉴스 전 탑광고 슬롯을 구매했다면, 그날 SBS 8시 뉴스 직전에 우리 회사 광고가 나가는 식이다. 그러나 유튜브는 그렇지 않다. 유튜브에서 명확하고 확실한 상품 구매가 불가능한 것은 매체 특성 때문이다. 한 번 광고를 집행할 때 최소한 수만 개의 채널에 노출된다는 점을 고려하면, 그 많은 채널을 일일이 확인하고 최적화된 상태로 집행할 수 없기 때문이다.

뭐가 문제일까?

◇◇◇

아무리 그래도 좀 이상하다는 생각이 들지 않나? 내가 광고 슬롯을 구매하는데, 그 위치를 모르고 있다는 게 말이다. 중국집에 들어가서 자장면이나 짬뽕을 고르는 게 아니라, "오늘은 촉촉한 식감에 매콤한 음식이 먹고 싶어요"라고 주문하면 주방장이 알아서 요리를 가져오는 식이란 말이다. 메뉴 하나를 딱 찍어 주문하는 방식에 익숙한 우리에게는 좀 어색하게 느껴진다. 이러한 유튜브 광고 특성상 앞의 사례처럼 광고주가 원치 않을 수도 있는 채널에도 광고가 노출되는 문제가 생긴다. 해외에서는 진작부터 이런 문제가 있어 왔다.

2017년, 테러 단체와 백인 우월주의자들이 자신들의 목소리를 담은 영상을 유튜브에 업로드해 만천하에 공개했다. 문제는 바로 그 영상에 영국 정부 광고와 글로벌 뷰티 기업인 L사의 광고가 붙은 것이다. 총을 든 테러리스트가 등장하는 영상 중간에 영국 정부의 공익광고나 글로벌 L기업의 배너 광고가 등장한다고 생각해보자. 복면을 쓴 테러리스트들이 쇼미더머니에서 랩 배틀을 하는 것처럼 광고와 함께 자신들의 극단적인 주장을 설파한다고 생각해보잔 말이다.

광고주 입장에서는 그야말로 아찔한 일이다. 뭐가 문제냐고 생각할 수도 있지만, 심리학 이론 중에 '고전적 조건화' 개념을 살펴보면 쉽게 이해할 수 있다. 파블로프의 개 실험으로 잘 알려진 이론이다. 개에게 밥을 줄 때마다 종을 쳤더니 나중에는 개가 종소리만 들려도 침을 흘렸다는 실험이다. 광고주가 유명 광고 모델을 쓰는 이유도 이런 심리 기법을 투영한 것이다. 유명 광고 모델을 지속적으로 우리 브랜드와 함께 노출하면 모델의 호감도를 우리 상품과 연결지을 수 있기 때문이다.

Google to Revamp Ad Policies After U.K., Big Brands Boycott

By Joe Mayes and Jeremy Kahn
2017년 3월 17일 오후 7:12 GMT+9 *Updated on 2017년 3월 18일 오전 8:01 GMT+9*

▶ Ads had been placed alongside terrorist content, hate speech
▶ YouTube owner Google says it's 'committed to doing better'

관련 기사에서 '광고가 테러리스트 콘텐츠 안에 집행됐다'라는 문구를 볼 수 있다. (출처: 블룸버그)

테러리스트도 마찬가지다. 우리 브랜드가 테러리스트와 함께 노출된다면? 강력한 무기 광고가 아니라면 그다지 도움이 될 일은 없을 것이다.

이 문제는 자동화 구매 방식이 갖는 어쩔 수 없는 한계이기도 하다. 기술의 진보가 갖는 숙명적인 그림자 말이다. 그래도 요즘은 각자 나름의 방법으로 한계를 조금씩 극복해나가고 있다. 광고주는 나름의 해결책과 해결방안을 세우고, 플랫폼 사업자인 구글 또한 나름대로 문제 해결방안을 세웠다. 과연 그게 뭘까? 다음 글에서 구체적인 사례를 통해 살펴보자.

모르면 손해보는 유튜브 광고 노출 원리

디지털 광고의 브랜드 세이프티 문제 下

구글의 광고 수익 배분 구조

◇◇◇

광고주가 광고비를 지불하고 나면 플랫폼 사업자인 구글은 그 돈을 유튜버와 나눠 갖는다. 결과적으로 광고주는 의도했든 하지 않았든 광고비로 해당 유튜버를 금전적으로 지원하는 셈이다. 만약 테러리스트와 같은 극단주의자 영상에 특정 기업의 광고가 붙었다면? 쉽게 말해 그 기업은 극단주의자들에게 광고함으로써 그들에게 금전적인 ……. 여기까지만 말하겠다. 물론 위의 경우 광고비 청구는 안됐겠지만 나비효과를 일으킬 수 있다. 결국 해당 광고주들은 기겁해서 광고를 내리고, 유튜브도 수습해보았지만 일단 벌어진 일을 무를 수

유튜브가 극단주의자 채널에 광고를 집행했다는 내용의 기사문. (출처: CNN)

는 없는 노릇이다.

결국 앞에서 말한 테러 단체 영상에 광고가 붙은 사건으로 화가 난 광고주들은 유튜브 광고 보이콧을 선언했다. 거기다 CNN은 2018년에 300개가 넘는 기업들의 광고가 극단주의자들이 올린 영상에 집행됐다는 단독 기사를 냈다. 그 안에는 미국 정부가 고용한 대행사도 포함돼 있어, 결국 미국의 세금이 극단주의자들에게 흘러간 꼴이라는 언급도 있었다. 더구나 대부분의 광고주는 자신들의 광고가 어떤 채널에 집행되고 있는지 알지 못했다고 한다. 점입가경이 아닐 수 없다.

공포의 노란 딱지, 유튜브의 자정 노력

광고주들은 '혹시 우리 광고도?'라며 유튜브에 비판의 목소리를 냈다. 유튜브는 즉각 자정 노력을 약속했다. 특정 영상에 광고가 붙지 않도록 필터링을 강화한 것이다. 이로 인해 이른바 '노딱'으로 불리는 노란 딱지 제도가 강화되었다.

노란 딱지로 분류된 영상에는 광고가 붙지 않는다. 물론 노란 딱지가 붙더라도 고객이 영상을 시청하는 데는 아무런 불편함이 없다. 오직 해당 영상을 올린 유튜버만 불편할 뿐이다. 노란 딱지는 곧 '광

광고주 친화적인 콘텐츠 가이드라인

YouTube 파트너 프로그램에 참여하는 크리에이터는 광고 수익을 공유할 수 있습니다. 이 도움말은 내 채널에 있는 어떤 동영상이 광고주에게 적합한지에 관한 이해를 돕는 것을 목표로 합니다. 크리에이터는 이 도움말을 사용하여 광고를 게재할 수 있는 콘텐츠, 광고가 제한될 수 있는 콘텐츠, 광고가 게재되지 않는 콘텐츠, 수익 창출을 사용 중지해야 하는 콘텐츠와 관련된 구체적인 규칙과 함께 플랫폼의 자체 인증 설문지를 이해할 수 있습니다. 동영상, 실시간 스트림, 미리보기 이미지, 제목, 설명, 태그 등 콘텐츠의 모든 부분에 YouTube 정책이 적용됩니다. YouTube 권장사항 자세히 알아보기

YouTube 시스템이 항상 정확한 것은 아니므로 자동 시스템의 결정 사항에 대해 검토자의 직접 검토를 요청할 수 있습니다.

 참고: YouTube에 업로드되는 모든 콘텐츠는 커뮤니티 가이드를 준수해야 합니다. 커뮤니티 가이드를 위반하는 콘텐츠는 YouTube에서 삭제될 수 있습니다. 위반 콘텐츠를 발견하면 신고할 수 있습니다.

이 도움말의 내용
광고 게재에 적합하지 않아 수익 창출이 광고 제한 또는 배제 상태가 되는 콘텐츠의 예가 나와 있습니다.

다음은 광고주 친화적이지 않은 주요 주제입니다.

- 부적절한 언어
- 폭력
- 성인용 콘텐츠
- 충격적인 콘텐츠
- 유해하거나 위험한 행위
- 증오성 콘텐츠 및 경멸적인 콘텐츠
- 기분전환용 약물 및 마약 관련 콘텐츠

- 총기 관련 콘텐츠
- 논란의 소지가 있는 문제
- 민감한 사건
- 도발, 비하
- 담배 관련 콘텐츠
- 가족용 콘텐츠에 성인용 주제 포함

유튜브가 제시한 콘텐츠 가이드라인이다. 노란 딱지를 붙이고 싶지 않다면 참고하자.

고 불가'라는 의미고, 광고 불가는 '유튜버 수익 감소'라는 상당히 불편한 상황을 의미하기 때문이다. 유튜버들이 노란 딱지만 보면 발끈하는 이유가 바로 여기에 있다. 그렇다면 노란 딱지는 대체 어떤 영상에 붙을까? 유튜브 경영진의 의견을 들어보자.

"유튜브 안에 자유로운 표현과 광고주가 원하는 콘텐츠는 서로 다르다."

—아리엘 바딘 유튜브 전 부사장

그의 말은 심플하고 명확하다. 광고주가 싫어할 만한 영상에 노란 딱지를 붙인다는 말이다. 선정적이거나 폭력적이거나 정치적 논란의 여지가 있다면 바로 노란 딱지행이다. 자비란 없다.

광고주의 노력, 화이트리스트 & 블랙리스트

◇◇◇

유튜브의 자정 노력에도 불구하고, 모든 영상을 일일이 막을 순 없다. 그래서 광고주들이 자체적으로 찾은 방식은 채널 타겟팅이다. 특정 채널에만 자사의 광고가 나갈 수 있도록 타겟팅을 하는 것이다. 이는 자동화 구매 방식에서 일부 기능을 포기하는 방법이다. 예컨대 IT 제품 광고는 〈가전주부〉, 〈디에디트〉, 〈방구석리뷰룸〉 등의 채널에만 집행하는 것이다. 이를 화이트리스트 방식이라고도 부른다.

하지만 화이트리스트 방법을 쓰면, 광고를 노출할 수 있는 경우의

수가 절대적으로 부족해지면서 노출이 더딜 수 있고, 사실상 노출이 잘 안 되는 일도 발생한다. 한정된 시간 안에 목표를 달성하기 위해 결코 유리한 세팅은 아닌 것이다. 한번은 인기 셀럽을 모델로 써서 그가 운영하는 유튜브 채널에 광고를 집행한 적이 있다. 결론만 말하면 며칠 만에 광고를 중단했다. 노출되는 경우가 너무 적어 광고 집행이 잘 되지 않았기 때문이다. 현실적으로 특정 채널만 골라서 성공적으로 광고하는 경우는 드물다. 그럼에도 그 어려운 일을 직접 해내는 광고주도 분명히 있다.

예를 들어, P&G는 특정 채널에만 광고가 나가도록 하는 화이트리스트 제도를 시행했다고 한다.[1] 1만 개의 채널을 직접 엄선했단다. 기존 광고 집행 시 약 300만 개 채널에 광고가 노출됐던 것에 비하면 광고 커버리지가 300분의 1로 줄어든 셈이다. 결국 광고 도달률은 떨어지고, 비용은 훨씬 더 올라갈 수 있다. 그렇지만 P&G는 자사의 브랜드 가치를 지키는 데 집중했다. 이게 딱 정답이라고 할 순 없지만 자사의 브랜드를 철통처럼 지키고자 하는 의지와 그것이 관철되는 환경은 마케터로서 분명 부러운 부분이다.

특정 채널만 골라서 광고를 집행하는 화이트리스트 방법과 정반대의 방법도 있다. 특정 채널을 배제하고 광고를 집행하는 블랙리스트 방식이다. 예컨대 우리 광고를 〈가전주부〉, 〈디에디트〉, 〈방구석 리뷰룸〉 채널을 제외하고 집행할 수 있다. 몇 개의 채널을 배제한 채 자동화된 광고를 구매하는 것이다.

블랙리스트 방식은 실제로 많은 브랜드에서 적용하고 있다. 일반적으로 정치, 젠더, 종교 등의 분야에서 극단적인 입장을 드러내는 채널의 리스트를 만들어 해당 채널에는 광고가 집행되지 않게 하는 것이다. 또한 자사의 브랜드 가치를 훼손할 정도의 퀄리티가 낮은 채널도 배제할 수 있다.

이렇게 다수의 브랜드들은 광고의 노출 기준을 세우고, 그에 부합하지 않는 채널을 배제하고자 노력하고 있다. 물론 이 모든 건 최소한의 브랜드 세이프티를 지키기 위함이다.

이것만 봐도 OK

두 편에 걸쳐 이야기한 내용을 정리해보자. "우리는 광고가 어디에 나갈지도 모르는 상태로 광고비를 지불하나요?"라는 물음에서 시작했다. 우리는 우리가 정한 특정 조건에 부합하는 채널들에 광고가 노출된다는 사실 정도만 알고, 구체적으로 어떤 채널에 집행되는지는 알지 못한다. 유튜브의 '자동화 구매 방식' 때문이다.

이런 한계점을 극복하기 위해 유튜브는 대대적인 자정 노력을 하고 있다. 첫째, 노란 딱지(줄여서 노딱) 제도를 통해 문제의 소지가 있는 영상들을 원천 봉쇄하는 것이다. 자정 노력에 빈틈이 생길수록 플랫폼의 신뢰도는 낮아지고, 광고주가 떠나갈 수 있다는 사실을 유튜브는 잘 알고 있다. 그래서 사활을 걸고 자정 노력을 할 거라고 본다. 둘째, 광고주 또한 광고 노출 위치를 통제하기 위해 노력한다. 특정 채널에만 광고를 노출하는 '화이트리스트 방식'과 특정 채널의 광고 노출을 사전 차단하는 '블랙리스트 방식'이 바로 그것이다.

브랜드가 어떤 매체와 채널에 노출되느냐는 브랜드 이미지에 영향을 미칠 수밖에 없다. 명품 브랜드들이 빳빳하고 두꺼운 잡지에만 광고를 내는 것도 마찬가지 이유에서다. 우리 브랜드의 로고와 상품이 길에서 나눠주는 무가지에 인쇄돼 길바닥에 버려지길 원하지 않기 때문이다. 같은 이유로 매체가 얼마나 고급 이미지를 갖느냐에 따라 광고 단가가 달라지기도 한다.

이런 관점에서 유튜브는 그다지 유리한 입장이 아니다. 태생 자체가 ATL Above The Line 매체(TV, 신문, 라디오 등의 전통적인 마케팅 매체)가 갖는 고루한 면을 타파하려는 대안 매체의 성격을 갖고 있기 때문이다. 하지만 단순히 이러한 점 때문에 유튜브를 멀리 할 순 없다. 감전될까 무서워 전기를 안 쓸 수 없고, 추락할까 무서워 비행기를 안 탈 순 없으니까. 이제는 누가 뭐라 해도 유튜브를 퍼스트 미디어 First Media로 인정해야 할 것 같다.

오히려 마케터라면 유튜브의 강력한 장점과 한계를 분명하게 알고, 이 매체를 섬세하게 다룰 줄 알아야 한다. 매체의 도달률과 효율을 고려하는 것뿐만 아니라, 소위 말해 매체의 신뢰도나 고급감 등 정서적인 지표도 고려해야 하는 이유다.

채널이 폭발적으로 늘어남에 따라 활용할 점이 많다는 사실은 마케터에게 무한한 가능성을 열어준다. 이것이 바로 유튜브의 엄청난 매력이다. 하지만 이와 동시에 어떻게 활용할 것인가라는 무거운 숙제를 안겨주기도 한다. 그래서 이 이야기를 하고 싶었다. 우리 유튜브 광고는 어떻게 노출시킬까? 우리가 취해야 할 것은 무엇이고 과감히 배제해야 할 것은 무엇일까? 과연 그 과정을 통해 우리 브랜드는 어떤 것들을 쌓아갈 수 있을까? 우리는 끊임 없이 질문을 던지며 유튜브를 활용해야 한다.

콘텐츠 마케팅,
시작이 어렵다면 이것부터

히어로(Hero), 허브(Hurb), 헬프(Help) 콘텐츠

콘텐츠 마케터가 시시때때로 직면하는 문제가 있다. '이번에는 어떤 영상을 만들어 올리지?' 하는 고민이다. 상사에게 듣는 질문일 수도 있고, 스스로에게 묻는 질문일 수도 있다. 이번 편에서 바로 그 질문에 대한 답을 찾아가고자 한다.

콘텐츠 마케팅의 목적은 상품이나 브랜드에 대한 고객의 인지나 태도를 변화시키는 데 있으므로, 고객을 파악하는 것이 중요하다. 고객을 파악하는 다양한 방법 중 나는 '고객 구매 여정'을 활용하고자 한다. 여기서 '고객 구매 여정'이란 고객이 브랜드나 상품을 인지하고 구매하기까지 일련의 과정을 말한다. 이는 다음과 같은 역삼각형 형태의 마케팅 퍼널로 표현할 수 있다. 앞 장에서 이미 본 적 있을 것이

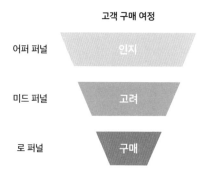

고객 구매 여정

어퍼 퍼널	인지
미드 퍼널	고려
로 퍼널	구매

다. 모델에 따라 이 역삼각형을 5단계나 6단계로 분류하기도 하지만 중요하지 않다. 이 글에서는 고객이 인지하고, 고려하고, 구매하는 3단계의 과정이 있다는 사실 정도만 알면 된다.

물론 요즘에는 구매 여정 자체가 무의미하다는 관점도 있다. '인지-고려(태도)-구매'의 순서가 아니라, 일단 구매부터 하고 써보고 나서 태도를 형성하거나 브랜드를 인지하는 경우도 많기 때문이다. 우리 자신을 스스로 되돌아봐도 그렇지 않은가? 인터넷 서핑을 하다가 핸드폰 케이스가 예뻐서 일단 구매를 한 뒤 구매했다는 사실조차 까먹는다. 그리고 택배 아저씨가 박스를 들고 올 때쯤 생각한다. "이게 뭐지?" 내용물을 뜯어보고 나서야 과거의 자신이 주문한 것이라는 사실을 뒤늦게 깨닫는다. 어떤 브랜드였는지는 전혀 기억도 하지 못한다. 온라인 구매가 확대되면서 이런 경우가 늘어나고 있다. 이른바 역삼각형 모양의 고객 구매 여정이 통하지 않는 것이다.

그렇다면 우리는 고객 구매 여정을 무시해야 할까? 아니다. 우리의 역삼각형은 여전히 세상의 많은 부분을 설명해주고, 복잡한 세상을 단순화해서 쉽게 이해하도록 돕는다. 그래서 고객 구매 여정은 여전히 브랜드의 영향과 고객의 행동을 이해하는 데 중요한 도구로 삼을 수 있다. 그리고 우리가 어떤 콘텐츠를 만들어야 할지 생각하게 한다. 즉, 고객 구매 여정의 각 단계별로 어떤 콘텐츠가 필요한지 가늠할 수 있게 해주는 것이다.

그렇다면 고객 구매 여정의 각 단계에 맞는 콘텐츠에는 어떤 것이 있는지 살펴보자. 이때 활용할 수 있는 것이 이른바 3H 콘텐츠다. 3H란, 고객 구매 여정에서 등장할 수 있는 히어로(Hero), 허브(Hub), 헬프(Help)라는 콘텐츠 유형이다. 그럼 이제부터 하나씩 살펴보자.

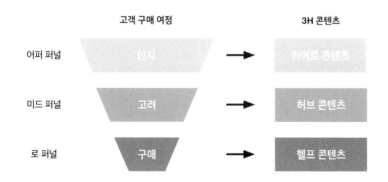

히어로 콘텐츠

◇◇◇

히어로 콘텐츠란 이름처럼 영웅 같은 콘텐츠를 말한다. 타이트한 옷을 입고 갑자기 나타나 세상의 모든 문제들을 한번에 해결하고,

유명인들이 대거 출연한 연극의 왕(The King of the Theater) 광고. (출처: 그랑사가 필름)

악당들을 단숨에 해치워버리는 히어로를 좋아하지 않을 사람은 없다. 히어로 콘텐츠도 마찬가지다. 어느 날 혜성처럼 나타나 한방에 모두가 알게 될 정도로 야심 찬 마케팅을 진행한다. 히어로 콘텐츠에는 우리 브랜드를 전혀 몰랐던 사람들조차 궁금증을 가지며 보게 만드는 힘이 있다.

이는 필연적으로 대규모의 제작비 및 광고비 투입을 전제로 한다. 이른바 캠페인이라고 부를 만한 시리즈물이 제작되기도 한다. 유튜브 히어로 콘텐츠의 대표적인 사례가 바로 그랑사가의 '연극의 왕' 아닐까. 무려 유아인, 신구, 엄태구, 조여정, 태연 등이 한 프레임에 등장한다. 영화에서도 보기 어려운 블록버스터급 모델들이 시작부터 연달아 등장한다. 더불어 고퀄리티의 영상에 러닝타임도 10분이나 된다. 광고비 또한 수억 원대의 비용을 들여 1천만 명이 넘는 고객들에게 도달했다. 과거에는 TV나 라디오 등에서나 진행하던 규모다. 그러나 이제는 유튜브에서 이런 대규모의 캠페인을 진행하는 것이 드문

일은 아니다.

히어로 콘텐츠의 제작 목적은 분명하다. 고객의 '인지Awareness'를 높이기 위함이다. 우리 브랜드나 상품에 대해 최대한 많은 고객이 알도록 만드는 것이 우선이라는 말이다. 그러려면 고객의 눈길을 끌거나 호기심을 일으킬 수 있어야 한다. 우리 브랜드를 알지 못하거나 관심이 없는 잠재고객도 흥미를 가질 수 있도록 후킹 요소를 갖춰야 한다.

허브 콘텐츠

◇◇◇

허브 콘텐츠란 이미 우리 브랜드를 인지했거나 호기심을 가지고 있는 유저들을 대상으로 한 콘텐츠를 말한다. 고객 구매 여정으로 보자면 미드 퍼널에 있는 고객이 대상이다. 허브라는 이름에서 느껴지는 것처럼, 구매 여정 최상단에 있는 고객(어퍼 퍼널)을 이곳까지 끌어와 최하단(로 퍼널)까지 무사히 안내하는 역할을 한다. 허브 콘텐츠는 히어로 콘텐츠보다는 작은 규모로 만들어지는 대신 조금 더 자주 제작될 수 있다.

허브 콘텐츠의 주요 소재는 '실제 제품'이나 '서비스' 그 자체다. 우리 제품이 어떤 점에서 유용한지 혹은 어떤 문제를 해결할 수 있는지를 보여주는 것이 좋다. 앞서 설명한 히어로 콘텐츠가 일단 우리 상품의 존재 자체를 알리는 것이 목적이라면, 허브 콘텐츠는 상품에

영혼을 울리는 퍼포먼스, 소나타 N라인 론칭 광고. (출처: 현대자동차)

대해 조금 더 구체적인 이야기를 하는 것이 목적이다. 특히 일상 속에서 제품의 강점이 구체적으로 드러나는 사용 장면을 보여준다면, 고객의 공감도나 호감도가 더 커질 수 있다.

대표적인 사례가 바로 현대자동차의 소나타 N라인 광고다. 전형적인 자동차 광고에서 탈피해 좋은 반응을 얻은 이 광고는 특별한 기능을 소개하기 위해 귀신을 출연시킨다. 급가속할 수 있는 런치 컨트롤Launch Control 기능을 소개하며 귀신도 따라오지 못할 정도의 속도라는 장점을 위트 있게 표현했다. '이게 뭐지?' 싶다가도 과장된 설정에 피식 웃게 되는 매력이 있다. 일단 한번 웃을 수 있다는 게 어딘가. 그 사이 고객들은 가랑비에 옷 젖듯, 브랜드에 대한 긍정적인 이미지를 쌓아가고 있는지 모른다. 그리고 이는 '좋아요'나 '댓글' 등의 고객 참여를 높이는 직접적인 요인이 된다. 결국 이런 과정들이 반복되며 브랜드 호감도가 높아진다.

헬프 콘텐츠

◇◇◇

헬프 콘텐츠는 가장 기본이 되는 콘텐츠다. 이름 그대로 우리 상품을 검색하거나 구매를 위해 정보를 모으는 고객에게 도움을 줄 수 있는 콘텐츠를 말한다. 제품의 상세 스펙을 설명하거나 서비스를 자세히 리뷰하고, 장단점을 비교하는 콘텐츠가 대표적인 형태다. 제작 규모는 히어로, 허브 콘텐츠에 비해 가장 작고, 대부분 광고비 집행은 하지 않는다. 따라서 가장 간편하게 제작할 수 있으며 잦은 빈도로 업로드할 수 있다. 적극적으로 탐색하는 고객에게 정보를 제공해 구매하도록 만드는 것이 목적이다.

대표적인 사례로 삼성전자의 갤럭시 버즈 프로 광고가 있다. 해당 영상은 갤럭시 버즈 프로의 Dolby Atmos 기술을 자세하게 소개한다. 소리가 어떻게 입체적으로 들리는지 이해하기 쉽게 시각화하며, 충분한 시간을 가지고 자사만의 선도적인 기술을 알기 쉽게 풀어 보

갤럭시 버즈 프로 Dolby Atmos 광고. (출처: 삼성전자)

정보 종류/정보 검색 채널별 이용자 분포

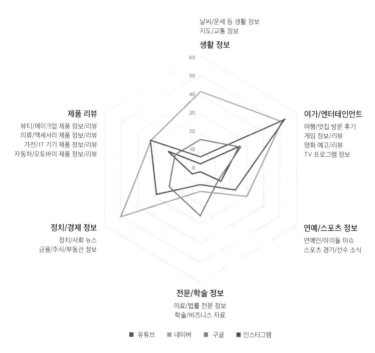

사람들은 유튜브에서 주로 제품 리뷰나 여행, 게임 리뷰 등을 검색한다. (출처: 나스미디어)

여준다. 보고 있으면 과학 다큐멘터리의 한 장면 같기도 하다. 이것을 보고 누군가 '오! 버즈에 들어간 기술이 아주 뛰어난데?'라고 생각했다면 일단 성공이다.

사실 헬프 콘텐츠는 히어로나 허브 콘텐츠처럼 고객의 흥미와 관심을 강력하게 끌긴 어렵다. 하지만 구매를 고려하며, 적극적으로 정보를 탐색하는 고객에게는 딱 맞는 콘텐츠다. 최근 많은 기업의 직원

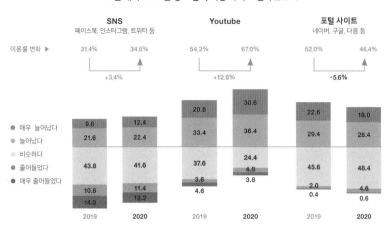

2019년 대비 2020년 정보 탐색 이용 사이트 변화(단위: %)

정보 검색 채널로 유튜브를 이용하는 사람들의 증가세는 갈수록 빨라지는 추세다. (출처: OPENSURVEY)

들이 제품을 직접 소개하는 콘텐츠나 Q&A 영상을 찍는다. 이 역시 헬프 콘텐츠로 볼 수 있다. 과거에는 공식 홈페이지나 블로그에 게시했던 내용이다. 그러나 유튜브 이용량이 늘어난 만큼 이런 기초적인 정보성 영상도 유의미한 역할을 하고 있다.

실제로 유튜브는 정보 검색 채널로 활발하게 이용되고 있다. 비록 검색 채널 랭킹에서는 네이버에 밀려 2위에 머물러있지만, 1020대가 유튜브로 정보를 검색하는 비중은 어느 세대보다 높다.[2] 이 세대들이 변화를 이끌고 있는 주축이기 때문에 주목할 필요가 있다.

또한 정보 검색 채널로 유튜브를 이용하고 있는 사람들의 수치는 매년 늘어나고 있다. 한 조사[3]에 따르면 2020년에 유튜브를 정보 탐색 목적으로 전년보다 더 많이 사용한 사람들의 비중은 67%에 달했다. 이는 2019년 54.2%에 비해 확연히 늘어난 수치다. 결국 유튜브를 정보 탐색 도구로 활용하는 비중 증가 속도가 점점 빨라지고 있다는 소리다. 이 같은 추세를 고려하면 우리가 할 일은 조금 더 분명해진다. 바로 헬프 콘텐츠로 고객이 궁금해하는 부분을 절묘하게 보여주는 것이다. 특히 고가의 자동차나 IT 제품 리뷰, 뷰티나 패션 제품 리뷰 영상들은 국가를 막론하고 인기 있는 장르로 분류된다. 우리 브랜드의 제품이 이와 관련 있다면 헬프 콘텐츠 준비에 더 힘을 쏟아야 한다.

 이것만 봐도 OK

지금까지 고객 구매 여정을 기준으로 한 3H 콘텐츠에 대해 살펴봤다. 그래서 우리는 어떤 콘텐츠를 만들어야 할까?

이를 정하기 위해 우리는 먼저 '우리 고객의 구매 여정'을 확인해야 한다. 그리고 각 여정별로 어떤 메시지를 던져야 하는지, 그 답을 찾는 것이 바로 우리가 만들 콘텐츠에 대한 힌트가 될 것이다.

인지 단계에 있는 고객에게는 '히어로 콘텐츠'로 우리 브랜드를 알릴 필요가 있다. 고려 단계에 있는 고객에게는 '허브 콘텐츠'를 통해 우리 상품에 대한 호감도를 쌓아야 한다. 마지막으로 구매 단계에 있는 고객에게는 필요한 정보가 담긴 '헬프 콘텐츠'로 최종 구매 의사결정을 도와야 한다. 물론 고객은 알 수 없는 존재며, 우리의 예측대로 움직이지 않을 것이다.

하지만 3H는 지금 우리가 집중해야 할 콘텐츠가 무엇인지 가늠할 수 있게 돕는다. 그리고 고객 구매 여정에 비춰 우리가 보완해야 할 콘텐츠의 형태가 무엇인지 생각하게 만든다.

여러분도 이제 3H라는 지도를 펼쳐 놓고 바라보자. 우리에게 지금 필요한 것은 무엇이고, 우리가 보완해야 할 것은 무엇일까?

3줄 요약

| 고객 구매 여정이란 고객이 우리 브랜드를 인지하고, 고려하고, 구매하기까지의 일련의 과정을 의미.

| 고객 구매 여정에 맞는 히어로(Hero), 허브(Hub), 헬프(Help)라는 3H 콘텐츠가 존재.

| 인지 단계에 있는 고객에겐 '히어로 콘텐츠'로 우리 브랜드를 알리고, 상품 구매를 고려하고 있는 단계의 고객에겐 '허브 콘텐츠'로 우리 상품의 호감도를 올리고, 구매 단계에 있는 고객에게는 '헬프 콘텐츠'로 최종 구매 의사결정을 도울 수 있음.

브랜드 액티비즘과 진정성

이국종 교수 × 재난안전망 캠페인 사례

두고두고 기억에 남는 프로젝트가 있다. 이국종 교수와 함께 촬영했던 재난안전망 캠페인이 바로 그것이다. 해당 캠페인은 이국종 교수와 해경, 권역외상센터 등과 협업해 만든 브랜드 필름으로, 입지전적인 성과를 이루었다. 3천 톤급 선박이 동원되고 헬기가 등장하는 등 스펙터클한 규모 만큼은 업계에서 전무후무한 일이었다.

3H 중 하나인 히어로 콘텐츠의 대표적 사례로도 볼 수 있다. 수개월에 걸친 준비 과정은 물론, 규모 면에서나 임팩트 면에서 다른 콘텐츠들을 압도한다. 그런 캠페인의 PMProject Manager으로 참여한 경험은 행운이라고 생각한다. 성과를 넘어 의미 있는 일을 함께했다는 것만으로도 자부심이 있다. 이번 편에선 이런 히어로 콘텐츠가 어

재난안전망 광고의 일부.

떤 과정을 통해 만들어지는지 살펴보고, 성과와 의미에 대해 짚어
보자.

브랜드가 진정성을 말할 때

◇◇◇

이 캠페인은 이국종 교수가 권역외상센터, 해경 등과 함께 해상
합동구조 훈련을 진행하는 장면이 주를 이룬다. 이국종이라는 인물
이 광고 영상에 등장한 것도 놀라운 일이었지만, 무엇보다 광고를 위
해 연출한 장면이 한 컷도 없었다는 것 또한 놀랍다. 실제 출동 장면
과 훈련 장면을 다큐멘터리 형식으로 담아 진정성을 살린 것이 포인
트다. 완성도 높은 영상미도 캠페인 성공에 한몫했다. 마침내 국민이
선택한 좋은 광고상(문화체육부 장관상)을 수상했으며, 그간 우리 브랜
드가 고객에게 전하고자 했던 진정성을 조금이나마 전달할 수 있었

간만에 케이티가 돈잘썼네 연예인들한테 억대광고료주지말고 앞으로도 이런분들을 썼으면
그리고 꾸준히..이국종교수님 지원도 계속해주길

👍 399 👎 답글

▼ 답글 4개 보기

kt에서 아주대외상센터에 6억과 무전기 70대 외 억대 요금 지원을 해줬대요! 칭찬해kt!! 그리고 이국종 교수님 진
심으로 응원하고 존경해요 늘건강하셨으면~!!

👍 501 👎 답글

▼ 답글 12개 보기

단순 마케팅을 위한 광고가 아니라 정말 필요한 부분에 녹아들고 있다는걸 잘 알려주는 광고였네요. 특히나 지원
이 가장 필요한 그러면서 지원을 가장 받기 힘든 분야에 큰 힘이 되어주는 케이티 응원하겠습니다.

👍 393 👎 답글

▼ 답글 보기

이국종 교수는 왜 이런 무거운짐을 들고 가시밭길을 걸어나갈까? 그리고 그를 묵묵히 따르는 사람들은 무슨 이유
가 있어서일까? 단지 의사로서의 사명감? 미천한 지원으로 여태껏 무거운 짐을 들고 가시밭길을 걸어온 이국종
교수와 그의 그늘에 가려 화려한조명 한번 받지 못했으나 묵묵히 그를 따르는 간호사, 구조대원들의 살신성인의
모습이 너무나 자랑스럽다. 선장구출과 탈북병사 수술같은 반짝거릴때 슬며시 다가오는 달콤한 유혹들과 손길..
자세히 보기

👍 232 👎 답글

광고보다가 너무 멋있어서 댓글달아야겠단 생각에 링크탔습니다...
누가 이런 생각했겠어요 정말 멋집니다

👍 379 👎 답글

▼ 답글 5개 보기

광고에 대한 댓글 반응이 뜨거웠다.

다고 생각한다.

솔직하게 말하면, 캠페인이 성공할 수 있었던 결정적 이유는 이국종 교수라는 대체불가능한 인물 덕이 크다. 해경 및 권역외상센터를 비롯해, 제일기획 등 각 분야 전문가들의 치밀하고도 눈물겨운 노력이 모두 버무려져 나온 결과지만, 이교수만큼 강력한 비중과 영향력을 지녔다고는 할 수 없다.

다른 광고에는 단 한 번도 출연한 적 없던 그가 출연한 이유는 뭘까? 평소 불편함을 느꼈던 통신기기 문제를 회사가 해결해주고, 연구

지원 등 오랜 시간 관계를 유지해왔기 때문이었다. 또한 상품 판매에 목적을 둔 연출된 상황이 아니라, 생명을 살리기 위한 합동훈련 장면을 있는 그대로 기록하고 국민에게 알리려는 명분이 있었기에 가능한 일이었다.

마케팅의 아버지라고 불리는 필립 코틀러는 기업의 사회적 책임을 강조하며 브랜드 액티비즘Brand Activism을 역설했다. 그는 브랜드 액티비즘을 '책임을 수행하겠다는 기업의 선언'이라고 정의했다. 이 캠페인은 우리 브랜드가 사회에 기여하고자 했던 행동에 최소한의 진정성을 느낀 이들이 있었기에 성공할 수 있었다고 생각한다. 한마디로 프로젝트 성공의 핵심 키워드는 '진정성'이었다.

처음부터 끝까지 '진짜'를 담다

◇◇◇

콘텐츠의 홍수 속에서 우리 광고가 고객의 눈에 띄기란 쉽지 않다. 뉴욕 타임스 스퀘어에 즐비한 광고 속에서 우리 광고를 알아봐주길 기대하는 것과 같은 욕심이다. 유튜브 플랫폼에 올라오는 수많은 콘텐츠들 틈에 우리 영상 한 편을 업로드하는 것은 어쩌면 타임스 스퀘어에 간판 하나 더 세우는 느낌이다. 아니, 유튜브의 압도적인 콘텐츠 숫자를 생각해보면 간판보다는 작은 포스트잇 하나를 붙이는 정도가 맞겠다. 어쨌든 그런 상황에서 우리 캠페인이 빛날 수 있었던 건 '진짜'를 담았기 때문이다.

"김쌤, 몇 분 이륙이야? 인투베이션(기관내삽관) 해야 될지 몰라. 한 명 더 붙여요!"

다급한 목소리로 시작하는 영상은 연출 장면이 아닌, 실제로 중증 외상자가 발생해 출동하는 모습이었다. 사실 그때는 이국종 교수와 인사를 하고 오늘 촬영에 대한 이야기를 나누고 있을 때였다. 순간 뜻하지 않게 환자가 발생했고, 이 교수는 제작진과 스태프를 뒤로한 채 황급히 옷을 챙겨 입고 뛰어나갔다. 그는 옥상에 막 도착한 헬기를 타고 거짓말처럼 내 눈앞에서 멀어져 갔다.

흡사 영화에서나 보던 히어로의 모습이라 넋을 놓고 볼 수밖에 없었다. 경황이 없는 와중에도 카메라 감독은 카메라를 놓지 않았고, 그 과정을 고스란히 영상으로 남길 수 있었다. 그러다 보니 카메라가

옥상에 도착한 헬기로 타고 사라지던 이국종 교수.

'진짜' 순간들을 담아낸 광고 영상.

거칠게 흔들리고 동선이 엉키기도 했지만, 덕분에 역동적이고 진실된 장면이 그대로 시청자들에게 전달되었다.

물론 부정적인 반응도 있었다

◇◇◇

광고 영상 속에는 이 교수의 헬기레펠 장면도 있었다. 이 장면을 놓고 부정적인 댓글이 달리기도 했다. 드라마틱한 장면을 연출하려고 억지스러운 설정을 했다는 것이다. 사실을 이야기하자면, 훈련 중 헬기레펠 과정은 우리 회사와 해경 측 모두 반대했었다. 사실 헬기레펠은 특전사나 공수부대 등 고도로 훈련된 이들이 하는 것으로 난이도가 높다. 거기에 육상 착지가 아닌 흔들리는 선박 위 착지였으니 논란이 있을 만도 했다.

그럼에도 언제 어디서 벌어질지 모르는 상황에 대비하기 위해 어려운 훈련도 해야 한다는 것이 의료진 측의 입장이었다. 그동안 헬기레펠 훈련을 꾸준히 해왔다는 의견도 덧붙이며 말이다. 결국 해경이 예행연습을 별도로 진행하며 최대한 안전하게 의료진의 헬기레펠 훈

광고에 등장한 헬기레펠 장면.

런이 진행되었다.

사방이 해안선으로 둘러싸인 바다 한가운데서 육중한 헬기가 일으키는 바람 소리만 요란했다. 많은 이들이 지켜보는 가운데, 가장 먼저 이 교수의 레펠이 시작됐다. '혹시라도 훈련 중 작은 부상이라도 입으면 어쩌나.' '나와 팀장님이 국민 영웅을 위기로 몰아넣은 천하의 나쁜 X이 되지 않을까.' 다양한 걱정들이 머리를 스쳤다. 물론 그보다 국민의 한 사람으로서 의료진이 다치지 않길 바라는 마음이 컸다. 다행히 우려는 현실이 되지 않았고, 그는 안전하게 착지했다. 바람을 타고 착지하는 모습에 감동보다는 안전하게 끝났다는 안도감이 먼저 밀려왔다.

이 광고, 유튜브가 아니었다면?

◇◇◇

이 모든 과정을 긴 호흡으로 담을 수 있었던 건 유튜브 덕이 크다. 각종 통계를 보면 시청자들의 집중 시간은 점점 짧아지고, 그에 맞춰 콘텐츠의 길이 또한 짧아지고 있다. 고객조사에 따르면 언제나 그렇듯 광고는 짧을수록 좋고, 없으면 더 좋다는 결과가 있기도 하다.

그럼에도 진정성이라는 감정적 공감을 이끌어 내고, 스토리 기반의 콘텐츠를 충분히 소화하려면 어쩔 수 없이 필요한 물리적 시간이 있다. 1~2분 혹은 그 이상이 필요하기도 하다. 우리의 프로젝트가 딱 그런 상황이었다. 전파 광고에서는 도저히 담지 못할 디테일과 차분하게 이어가는 스토리라인을 위해서는 시간이 필요했다.

다행히 유튜브에는 시간 제약이 없다. 덕분에 다양한 상황과 인물들의 대화까지 모두 담을 수 있었다. 특히 마지막 장면에 닥터 헬기가 이륙하는 모습을 담아 여운을 전할 수 있었던 것은 시간의 제약에서 자유로운 유튜브라는 매체가 있었기에 가능한 구성이었다.

흥미로운 점은 짧은 광고를 선호하는 트렌드에도 불구하고, 2분이나 되는 광고를 끝까지 시청한 비율이 상당히 높았다는 것이다. 광고에 노출된 고객 10명 중 무려 3명이 광고가 완전히 끝나는 종료 시점까지 시청했다. 대부분 스킵버튼이 등장하자마자 빠르게 빠져나가는 것에 비하면 기록적인 수치다. 성공적인 캠페인이라고 불리는 것들과 비교해도 약 2배 정도 높은 비율이며, 유효 시청 조회율VTR 또한 다른 광고 영상 대비 1.6배 높았다.

결국 고객이 원하는 건

◇◇◇

앞서 뉴욕 타임스 스퀘어 앞에 서 있는 고객에 대해 언급했었다. 그 고객의 눈길을 잡아 끌 수 있는 건 뭘까? 일단 더 밝은 불빛을 내는 간판은 아니라고 본다.

코로나 시대를 거치며 우리는 거짓에 대한 반감과 진정성에 가치를 두는 경향이 더 짙어질 것이다. 단 한 사람의 거짓말로 공동체가 큰 위험에 빠질 수 있다는 사실이 우리를 예민하게 만들기 때문이다. 이제 브랜드도 우리 사회에 어떤 기여를 할 수 있는지 진지하게 고민해야 한다. 파타고니아처럼 환경을 보호하는 브랜드, 나이키처럼 인권 문제에 적극적으로 의사표현을 하는 브랜드가 더욱 주목받는 이유다.

우리 브랜드가 그들을 따라가기엔 아직 한참 남았지만, 우리가 할 수 있는 일을 계속 해야 한다고 생각한다. 세상을 바꾸는 거대한 표어, 인류를 구원하는 거창한 명분이 아니더라도, 그저 지금 속한 자리에서 할 수 있는 일을 하면 된다. 캠페인이 성공할 수 있었던 것도 우리 회사 브랜드가 할 수 있는 일을 차분하게 했던 것이 주효했다고 본다. 거기에 이국종이라는 입지전적 인물이 더해짐으로써 빛을 낼 수 있었다.

마지막으로 최근 재미있게 본 책 속 한 구절을 소개한다.

직업이 의미 있다고 느끼는 건 언제일까? 하루가 끝날 무렵, 내 일이 어떤 면에서는 미약하게나마 타인의 비참함을 줄이거나 만족감을 늘리는 데 도움을 준 것 같다고 느낄 때가 있다. 우리는 타인을 위해 봉사하고 싶어 하고, 나아가 동료 인간들의 삶에 우리의 활동이 미친 영향을 확인하고 싶어 한다.

―《뉴스의 시대》, 알랭 드 보통

우리 회사 '브랜딩 광고', 문제 있어?

브랜딩과 세일즈의 아슬아슬한 줄타기

TV 프로그램 〈나 혼자 산다〉 하석진과 김광규 편을 보고 한참 웃었던 적이 있다. 제작진이 의도한 것인지는 몰라도 그 둘은 데칼코마니 같은 비슷한 삶을 사는데 느낌은 완전히 딴판이었다. 그중 두 사람이 일상생활에서 인공지능 스피커를 사용하는 모습이 눈에 들어왔다.

AI 스피커 광고의 끝판왕 등장

◇◇◇

요즘 인공지능 스피커는 김광규 아재도 쓸 정도로 일상화됐지만,

론칭 초반만 하더라도 대중의 반응은 냉랭하다 못해 겨울왕국이었다. 당시 나도 AI 스피커 광고의 PM을 몇 번이나 해봐서 씁쓸한 반응을 누구보다 잘 안다. 그런데 그 시기에 눈이 번쩍 떠질 만큼 충격적인 광고 한 편이 눈에 들어왔다. 바로 혜성처럼 나타난 '애플 홈팟' 광고였다. 2018 칸 국제광고제에서 그랑프리를 수상할 정도로 잘 만들어진 영상이었다.

기능 설명에 치중한 우리 회사 광고나 어린아이들이 뛰어노는 경쟁사 광고와 비교했을 때 애플 광고는 그야말로 신선함 그 자체였다. 우리는 이제 막 수레에 짐을 싣고 온 힘을 다해 언덕을 올라가는데, 바로 옆 도로에서 람보르기니가 굉음을 내며 질주하는 걸 직관한 느낌이랄까. 놀랍기도 하고 허탈하기도 해서 지금 내가 하는 일이 다 무슨 소용인가 싶은 생각이 들 정도였다.

애플 홈팟 광고는 영화 〈그녀Her〉에서 감각적인 영상을 보여준

애플 홈팟 광고의 한 장면. 그해 칸 국제광고제에서 그랑프리를 수상했다. (출처: 애플)

감독 스파이크 존즈가 연출을 맡았고, 주목받는 뮤지션이자 댄서인 FKA 트위그스가 등장해 끝내주는 안무를 펼쳤다. 보고 있으면 어느새 빠져 들어 어깨를 들썩이게 된다. 뿐만 아니라 광고에 등장한 색감과 미장센, 시각적 표현은 비주얼 커뮤니케이션 교과서에 삽화로 넣어도 될 정도로 완성도가 높았다. 게다가 파격적이기까지 했다. 식욕을 돋우는 음식을 한데 모아 설렘이 고조된 상태를 영상으로 표현한 느낌이랄까? 더 놀라운 건 CG 없이 세트를 지어 표현했다는 점이다.

같은 제품군, 다른 광고

◇◇◇

그즈음 우리 브랜드는 철저히 기능에 포커스를 두고 제품의 강점을 직접 보여주는 시리즈를 제작 중이었다. "이렇게 신기한 기능이 있어요! 일단 한번 써보고 싶지 않나요?"라는 내용으로 고객에게 말을 걸었던 것이다. 게다가 육아 콘텐츠 반응이 상당히 좋을 때라, 교육 콘텐츠를 확보해서 공격적으로 세일즈를 이어가고 있었다. "진우는 영어 시작했어요?"라는 물음으로 시작하는 광고가 만들어진 이유다.

당시 타사 광고도 크게 다르지 않았다. 국내 업체들의 최대 결전지는 바로 '육아맘'이었다. 국내 시장의 큰손, 엄마들을 대상으로 서로의 AI 스피커가 얼마나 효과적이고 재미있는 영어교육이 가능한지

KT 기가지니 광고의 한 장면. 철저히 교육 기능에 포커스를 맞췄다. (출처: KT)

사활을 걸고 보여줬다. 국내 AI 스피커 시장은 육아맘 뺏기 고지전과 다름없었다. 매년 영유아들을 위한 교육 시장 박람회가 크게 열릴 정도라는 시장의 파워를 새삼 확인할 수 있었다.

그나마 구글은 위트 요소를 가미해 조금 더 재미있게 표현했다. 요가를 하거나 헤어 펌을 하는 등 손을 쓸 수 없는 상황에서 말 한 마디로 여러 가지를 컨트롤할 수 있다는 것을 보여주는 식으로 말이다. 그렇지만 '기능'을 내세우는 광고의 목적성은 국내 여러 경쟁사와 크게 다르지 않다. 결국 유용한 기능에 소비자들이 반응하고 지갑을 열 거라는 믿음 때문일 테다.

구글 어시스턴트 광고 또한 기능에 포커스를 맞췄다. (출처: 구글)

브랜딩 광고와 세일즈 광고의 차이

◇◇◇

애플 홈팟 광고와 여타 광고들 사이에 말로 표현하기 어려운 간극이 발생하는 이유는 무엇일까? 역시 제작비 때문일까? 물론 현실적으로 기본 퀄리티 차이는 제작비 때문에 발생하긴 한다. 그런데 그거 말고, 왜 애플은 '힙한 갬성을 전달'하고 국내 경쟁사들은 애써 '기능을 소개'하는 걸까?

광고의 목적이 다르기 때문이다. 쉽게 말해 한 회사는 광고를 통해 '브랜딩'을 하고 싶었던 것이고, 다른 회사는 광고를 통해 '세일즈'를 하고 싶었던 것이다. 애플 홈팟에도 다양한 기능적 우위와 차별화 포인트가 분명 있었을 것이다. 스피커의 저음 강조 성능이 끝내주게 좋다거나 '시리'의 목소리가 유난히 낭랑하다거나 다양한 애플 디

바이스와의 연결성이 무척 쉽다거나 하다 못해 전력 효율성이 뛰어나다는 차별점이 있었을 거란 말이다.

그런데 애플은 굳이 그런 것들을 말하지 않는다. "광고를 보고 그냥 느껴봐"라고 말을 거는 듯하다. 홈팟과 함께라면 만사 귀찮은 퇴근 후 일상 속에서도 예술적 영감이 떠오를 것만 같다. 그게 사실이든 아니든 상관없다. 애플은 '브랜딩'에 목적을 두었다. 기능과 관계없이 존재만으로도 빛날 수 있음을 보여주며, 고객의 인지 체계를 흔들고 싶었던 것이다.

결국 브랜딩을 하고 싶다면 고객의 마음속에 어떤 이미지를 각인시킬 것인가를 고민해야 한다. 세련됨, 편안함, 신남 등의 감정뿐만 아니라 화려한 색감과 패턴, 차가운 금속성, 어둠 속에서 반짝이는 네온 불빛과 같은 구체적인 심상을 떠오르게 하는 것이다. 혹은 평키한 20살 댄서나 스마트한 35세 비즈니스맨, 세련된 커리어우먼 같은 구체적인 인격체로 브랜드 이미지를 포지셔닝할 수도 있다. 애플은 바로 이 부분을 파고들었다. 광고를 보면 충분히 느낄 수 있을 테니 어떤 이미지로 브랜딩하고 싶었을지는 굳이 말하지 않겠다.

반면, 우리 회사를 포함해 국내 경쟁사들은 '브랜딩'보다는 확실히 '세일즈'에 집중하고 있다. 영어교육을 걱정하는 엄마의 문제 상황을 보여주고, 우리 서비스가 해결책이 될 수 있음을 보여준다. 고객이 평소에 문제를 느꼈거나 언맷니즈(Unmet needs, 미충족 수요)가 있었던 부분을 파고든다. 이런 전략은 우리의 기능이 타사보다 우위에 있을 때 혹은 브랜드 인지가 어느 정도 형성되어 있을 때 유용하게

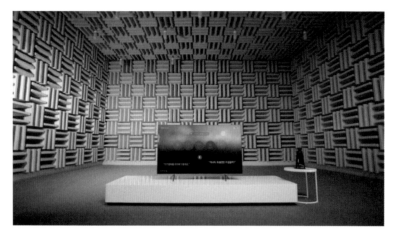

KT 기가지니 론칭 초기에는 브랜딩을 목적으로 한 광고도 있었다.

써먹을 수 있다.

그렇다면 세일즈 광고가 실제로 먹혔을까? 미안하지만 광고 한 편으로 직접적인 매출액이 출렁이는 시대는 이미 지났다. 하지만 이렇게만 말하는 건 너무 무책임하다. 한 가지 확실한 건 광고에서 노출한 기능의 사용량은 분명히 증가한다는 것이다. 말하자면 김광규 씨가 〈나 혼자 산다〉에서 노래방 기능을 사용한 후 기가지니의 노래방 기능 활성화수가 늘어난 것처럼 말이다. 제품의 기능을 써보게 만들고, 기능에 익숙하게 만드는 것은 서비스 업체가 할 수 있는 가장 직접적이면서도 효과적인 고객 공략법이 될 수 있다.

하지만 오직 세일즈 광고만으로 롱런하는 브랜드는 있을 수 없다는 것을 알아야 한다. 특히 요즘처럼 세상 모든 상품들의 기능 차이가 크지 않을 때는 더 그렇다. 이럴 때 고객들은 세일즈 광고에 무심해진다. 모든 재화와 서비스가 차고 넘칠 때는 더더욱 그렇다.

따라서 브랜딩은 중요하다. 효과가 바로 안 보이고 조금 느리게 느껴지더라도 근본적인 영향을 고려할 필요가 있다는 말이다. 상품이 크게 다르지 않다면 왜 우리 상품을 선택해야 할까? 감성, 느낌, 이미지, 가치, 라이프스타일과 같은 추상적인 개념이 소비자의 마음을 움직일 수 있다는 점을 기억해야 한다.

요즘 핫한 브랜드 중 하나인 파타고니아가 많은 이들에게 사랑받는 이유를 생각해보자. 우리는 파타고니아의 디자인이 남달리 쿨하다거나 옷감이 끝내준다고 선택하지 않는다. 의류 업계에서 그 정도로는 차별성을 가지기 어렵다. 대신 그 브랜드가 추구하는 가치와 힙한 정서에 주목한다. 예를 들어 대표의 괴짜 같은 고집스러움과 타협하지 않는 장인정신에 매료된다. 그리고 그 점에 공감을 할 때 해당 브랜드로 '나'를 표현할 수 있다고 믿는 것 아닐까.

우리 브랜드는 고객의 마음속에 어떤 인지적 자산을 쌓을 것인지 고민하자. 이 브랜드라면 내가 추구하는 라이프스타일을 보여줄 수 있을까, 이 브랜드와 함께라면 흥미롭고 신나는 감정을 느낄 수 있을까에 대한 답을 줄 수 있다면 이미 성공한 브랜드다. 기능을 소비하게 할 것인가? 가치에 공감하게 할 것인가? 그것은 우리 브랜드가 어떤 방향으로 나아갈 것인지를 정하는 것에서부터 시작된다.

우리는 선택해야 한다

◇◇◇

결국 중요한 건 목적을 정하는 것이다. 이번 광고의 목적은 '브랜딩'인가 '세일즈'인가. 마케터는 이에 대한 대답을 할 수 있어야 한다. 합의 없이 시작한 광고는 장담컨대 폭망이다. 제작 방법을 고민하는 건 목적을 세운 다음부터다. 완성도 역시 그다음 고민거리이다.

광고를 통해 '브랜딩'을 하고 싶다면, 고객의 인지에 어떤 포지셔닝을 할 것인지 정해야 한다. 그리고 그것을 구현하기 위해 어떤 장치를 쓸 것인지 디테일하게 만들어 가야 한다. 반면 '세일즈'를 하고 싶다면 상품의 베네핏, 언맷니즈 상황을 보여줌으로써 해당 상품을 소유하고 싶게 만들어야 한다. 브랜딩 광고는 브랜드를 처음 론칭할 때와 시장에서 1위 업체일 때 유리하게 작용하고, 세일즈 광고는 독보적인 차별점이 있을 때와 시장점유율을 끌어올려야 할 때 요긴하게 쓸 수 있다.

많은 브랜드가 스스로 위치하고 싶은 지점과 고객이 생각하는 지점 사이에서 큰 괴리를 느낀다. 이를 좁혀 가는 게 브랜딩이고, 마케팅의 역할이다. 지금 우리 광고는 어느 곳을 향하고 있으며, 목적은 무엇인가? 애매한 방향성과 애매한 목적엔 애매한 고객 반응만이 기다리고 있을 뿐이다.

브랜드 콘텐츠가 디지털 놀이터가 되려면 2

'Y무약정플랜' 캠페인 사례

▶ 해당 콘텐츠를 보려면 유튜브에서 'Y무약정플랜 임플란티드 키드 뮤직비디오'를 검색하세요.

과거 유튜브에서 재미있게 진행했던 20대 대상의 'Y무약정플랜' 캠페인을 소개할까 한다.

20대는 어느 세대보다 유튜브 영상에 대한 눈높이가 높아서, 전체 고객 중 광고 조회율이 가장 낮게 나타나는 세대다. 그래서 그들을 대상으로 캠페인을 진행한다는 건 크나큰 부담이다. 그러나 'Y무약정플랜' 캠페인은 시시각각 변하는 유튜브 환경을 절묘하게 이용하면 결과가 달라질 수 있다는 걸 보여줬다. 우리 광고는 그 어렵다던 20대 고객의 광고 반응과 참여를 이끌어내는 데 성공했다. 무슨 일이 있었던 걸까? 지금부터 함께 살펴보자.

문제 상황

당시 통신사 상품에 대한 20대 고객의 보편적인 정서는 한마디로 '무관심'이었다. 그도 그럴 것이 해당 타깃들이 열광하거나 큰 관심을 보이는 카테고리 중에 5G요금제라든지, 와이파이 공유기가 들어가는 건 어딘가 모르게 어색하다. 그래서인지 우리 브랜드에 대한 인식도 조금 더 안 좋은 상황이었다. 한번은 소비자 조사FGD, Focus Group Discussion를 직접 참관한 적이

있는데 새삼 인상 깊었다. 고객은 우리 상품과 마케팅에 진짜 무관심하다는
걸 직접 볼 수 있어서였다.

"혹시, 기억에 남는 통신사 마케팅 활동 있어요? 광고가 됐든 뭐든 좋아요."
"……."
"아무거나 괜찮아요. 말씀하실 분 없나요?"
"……."
"청하?"

FGD 현장에서는 사회자가 어렵게 대답을 이끌어 냈다. 그런데 대학생
참여자들은 개방형 질문에 거의 답을 하지 못했다. 그나마 경쟁사의 아이
돌 모델 이름을 기억한 게 전부였다. 이런 상황에서 우리는 20대를 대상으
로 한 무약정 요금 출시를 준비하고 있었다. 애플샵이나 쿠팡에서 아이폰을
자급제(대형마트나 가전매장, 온라인 쇼핑몰 등에서 공기계를 구입해 원하는 통신사에
서 개통하는 방법)로 구매하는 고객이 늘어나고 있는 만큼 그들에게 딱 맞는
요금이었다. 문제는 정작 고객은 관심이 없다는 것. 그래서 일단은 그들의
관심부터 끌어야 했다.

먼저 20대가 가장 관심 있는 분야가 뭔지, 선호도 분석과 유튜브 시청
행태 분석을 통해 몇 가지 키워드를 추출할 수 있었다. 개그, 게임, 힙합, 예
능, 뷰티, 운동 등이었다. 키워드를 조합해 몇 가지 방향성을 정했고, 최종적
으로 당시 빠른 속도로 인기를 모으고 있는 유튜브 채널 〈피식대학〉의 코
드를 활용해 기획했다. 지금이야 〈피식대학〉이 대세 개그 채널로 자리잡았

지만, 기획 당시만 하더라도 인지도가 높지 않았다. 그러다가 TV 프로그램
〈유 퀴즈 온 더 블럭〉에 개그맨 김민수와 김해준이 출연해 이달의 유튜브
인기 채널로 선정되면서 급물살을 탔다.

특히 우리 팀에선 'B대면 데이트'의 '임플란티드 키드'라는 캐릭터에 주
목했다. 낮에는 피자집에서 아르바이트를 하고 밤에는 랩을 하는 23살의 그
는 팍팍하게 살지만 절대 기죽지 않고 허세를 떠는 캐릭터였다. 썸을 타는
누나와 비대면 데이트를 하며 언젠가는 대박 성공해서 명품을 사주겠다고
큰소리를 뻥뻥치는, 보고있으면 피식 웃음이 나지만 본인만은 엄청나게 진
지한 그런 캐릭터 말이다. 그가 특유의 허세로 우리 상품을 소개한다면 재
미있을 것 같았다. 또한 앞서 추출한 개그, 예능, 힙합이라는 키워드와도 연
관성을 갖는다는 점이 큰 장점이었다.

그래서 시도한 것들

"근데, 좀 너무 센 거 아닌가? 욕이 과한데."

"욕을 빼볼까?"

"그럼 캐릭터가 죽는데?"

내부 회의 중 '임플란티드 키드' 캐릭터가 도마 위에 올랐다. 캐릭터가 재
미있고 대중의 반응도 꽤 좋은 편이라 탐이 났지만, 아무래도 거센 말투가
문제였다. 말끝마다 추임새 같은 비속어는 기본이고, Fucking, shit 등 영어
욕도 맛깔나게 하는 캐릭터였다. 개그 코드로는 통할지 모르겠지만, 이런 톤
앤매너로 브랜드 메시지를 전할 수 있을지는 의문이었다. 물론 패션 브랜드

처럼 파격적인 시도가 브랜드에 긍정적 영향을 미치는 분야도 있지만, 통신 상품은 다른 문제였다. 캐릭터를 살리려면 기존처럼 세게 말해야 하고, 순화하면 캐릭터가 죽으니 고민이었다. 둘 다 살릴 방법은 없을까?

"차라리 우리가 음원을 만들면 어떨까? 신곡 발표처럼 뮤직비디오도 그럴싸하게 찍고 말이야."

당시 '수민이(임플란티드 키드)' 캐릭터에 대한 댓글 반응 중에는 음원을 발표하라는 요구가 꾸준히 있었다. 힙합을 하는 캐릭터였지만 본인 곡을 정식 음원으로 발표한 적은 없어서였다. 물론 팍팍하게 사는 20대 초반의 캐릭터이다 보니 화려하게 음원시장으로 진입하는 것은 말이 되지 않았다.

이 모든 상황을 고려해 만들어진 설정이 비대면 데이트에서 대놓고 자신이 통신사 광고를 찍게 됐다고 자랑하는 콘셉트였다. 캐릭터의 세계관이 현실을 넘나드는 설정이라 재미있을 것 같았다.

"누나! 나 광고 찍어! Skrrrrrrr."

비대면 데이트 설정을 그대로 가져온 버전을 한 편 만들고, 뮤직비디오 버전으로 또 한 편을 만들었다. 뮤직비디오는 오히려 고퀄리티로 나오면 반전도 있고 이슈가 될 것 같아서, 멜로디와 랩 가사를 만드는 것에 공을 들였다. 개그맨 김민수 씨도 상당히 관심을 가지며 적극적으로 참여했다. 그렇게 만들어진 뮤직비디오가 드디어 세상의 빛을 보게 된 것이다!

성공의 증거, 댓글 놀이

광고가 처음 공개되고 나서 가장 먼저 고객의 반응을 살피기 위해 댓글을 확인했다. 처음 라이브 한 뒤 딱 하루 동안 '좋아요'와 '댓글'이 얼마나 많이 달리는지, 어떤 내용이 달리는지를 보면 대략 감이 온다.

사람들은 수민이의 세계관을 그대로 가져와 댓글을 달고 있었다. "수민아, 이제 배달음식 3만 원 이상 시켜 먹어도 돼?", "수민아, 피자집 사장님이다. 어제 배달 간 곳에서 피자 한 조각 없어졌다고 연락왔다." 등 피식대학에서 활동 중인 캐릭터에게 메시지를 남기고 있었다. 또 "수민아, 누나 드디어 약속했던 디올 사주는 거야?", "와, 광고 찍고 누나한테 식은 피자줬냐? 수민이 킹받네." 등 본인이 수민이와 썸을

'Y무약정플랜' 캠페인 댓글 반응

많은 유저들이 캐릭터의 세계관을 그대로 가져와 댓글 놀이를 하고 있다.

타는 누나로 설정하고 말을 이어가기도 했다. 댓글을 달며 자기들끼리 댓글 놀이를 하고 있는 것이었다. 우리 콘텐츠가 놀이의 매개가 된다는 것은 콘

텐츠 마케터로서 상당히 의미 있는 경험이었다.

콘텐츠의 확산

이후 이런 일도 있었다. 유튜브 채널 〈샌박의 부장들〉에서 개그맨 이창호가 우리 광고를 흉내 내며 김민수를 놀렸다. "와이~ 와이~"를 외치면서 말이다. 그리고 김민수가 민망해하자 화제의 광고 장면이 자료화면처럼 등장하기도 했다. 물론 PPL은 아니었고 개그맨들이 서로를 디스하는 장면이었달까. 어쨌든 여기저기서 우리 광고가 인용된다는 건 좋은 신호였다.

순간 해당 영상에 회사의 공식 계정으로 댓글을 달면 재미있겠다는 생각이 들었다. 거기에 〈샌박의 부장들〉 계정에서 대댓글을 달아주기라도 하면 훨씬 더 흥미로울 터였다. 팀원들이 모두 모여 낄낄거리며 고민했다. 어떻게 하면 재치 있으면서도 과하지 않은 댓글을 달 수 있을지. 여러 안을 섞어 마침내 댓글을 달았고, 기대했던 대로 대댓글도 달렸다. 댓글로 티키타카가 이루어지는 순간이었다. 그걸 지켜보는 사람들도 재미있었는지, 회사의 공식 계정으로 단 댓글이 인기 댓글이 되기도 했다.

이 일을 하면서 가장 큰 재미를 느낄 때가 고객들과 상호작용을 할 때다. 그리고 고객들이 재미있어 할 때 덩달아 즐겁다. 사실 이 광고는 우리 브랜드에서 시도해본 적이 없을 만큼 파격적이었던 터라 더 조심스러웠다. 브랜드 세이프티Brand Safety(브랜드 광고 시 브랜드의 이미지가 손상되지 않도록 보호하기 위한 조치)가 훼손될 수도 있고, 과격한 톤앤매너 때문에 뜻하지 않았던 논란에 휘말릴 가능성도 있기 때문이다. 그러나 모든 우려를 뒤로하고 좋은 결과를 냈다. 부정적인 댓글은 찾기도 어려울 만큼, 유저들은 댓글에 대댓글을 달며 댓글 놀이에 열중했다.

그래서인지 광고의 질적 평가 수치라고 할 수 있는 '총 노출수 대비 30초 이상 유효 시청한 고객 비율(조회율, VTR)'이 타 광고 평균에 비해 1.5배나 높게 나타났다. 또한 고객들이 광고에 얼마나 반응을 했는지 보여주는 조회수 대비 좋아요와 댓글수는 업계 평균 대비 약 10배 높은 수치였다. 그 정도면 전년도 실적 기준 상위 10% 안에 드는 상당히 좋은 결과였다.

콘텐츠의 역할, 문화 놀이터

유튜브라는 공간이 생물처럼 움직이며 시시각각 변하는 이유는 그 속에 수많은 사람들의 반응이 있어서다. 그들의 반응을 얼마나 잘 캐치하고 대응하는지에 따라 콘텐츠 마케팅의 성패가 갈릴 수 있다.

처음 뮤직비디오를 시작한 계기도 팬들의 댓글 니즈를 파악했기

공식계정으로 타 채널에 단 댓글

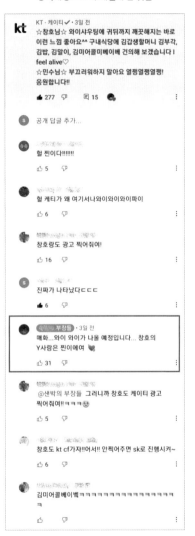

유저들이 즐거워하는 반응이 대댓글에 나타난다.

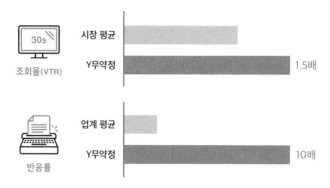

'Y무약정플랜' 광고의 조회율 및 반응률 성과

때문이었고, 대댓글을 통해 티키타카가 가능했던 것도 팬들이 댓글을 통해 어떻게 노는지 관찰한 결과였다. 무관심한 20대를 대상으로 어렵게 시작한 캠페인의 첫발이었지만, 그들의 문화 속에 스며든다면 열정적인 반응을 이끌 수 있다는 걸 깨달았다.

'콘텐츠 마케팅이 성공했다'라고 말할 수 있는 기준점은 무엇일까. 나는 콘텐츠가 사람들의 놀이터가 되는 순간이라고 본다. 콘텐츠가 '밈Meme(인터넷상에서 유행하는 재가공된 모든 콘텐츠)'이 되는 순간, 무한하게 확산될 수 있는 엄청난 가능성을 품고 있기 때문이다.

예민하게 촉을 세우고, 고객의 반응을 관찰하고 반영하며 언젠가 그들과 다시 한번 신명나게 놀 수 있기를 바란다. 여러분도 자신이 만들어 놓은 판에서 고객이 즐겁게 노는 짜릿한 경험을 꼭 해보시길 바란다.

4부

데이터로
증명하는
성과 측정

유튜브 광고,
조회수 100만이면 잘한 건가요?

유튜브 광고 성과 측정 시리즈 ① 도달 관점

무엇을 측정할 것인가

◇◇◇

마케터에게 성과 측정은 중요한 부분이다. 명확한 기준 없이 덮어놓고 일단 시작하다가는 열심히 일하고 찰지게 욕먹을 수 있는 절호의 찬스가 만들어진다. 심지어 욕만 먹고 끝날 일이 아닐 수도 있다. 우리가 한 일을 측정할 수 없다는 것은 문제를 발견하고 개선할 기회를 얻을 수 없다는 말이기도 하기 때문이다. 이는 회사의 생존을 위협하는 문제일 수 있다.

이런 사실을 일찌감치 깨달은 미국의 경영학자 피터 드러커는 "측정할 수 없다면 경영도 할 수 없다(If you can't measure it, you can't manage it)"라는 명언을 남겼다. '당신들이 이렇게 모호하게 일하면, 내가 도저히 회사를 경영할 수 없다'는 CEO의 무시무시한 메시지 같아 모골이 송연해진다. 성과를 제대로 측정하지 못한다면 피터 드러커 같은 보스에게 불려 가 연말 평가 부진을 낙점받을 수 있으니 각별히 유의하자.

그러니까 이제부터는 세상 해맑은 표정으로 "팀장님, 우리 유튜브 영상 조회수 100만 뷰 찍었어요"라고 말하지 않았으면 한다. 100만 뷰가 잘한 건지 못한 건지, 못한 거라면 얼마나 못했으며 잘한 거라면 얼마나 잘했는지 구체적으로 성과를 해석하고 의미를 부여할 수 있어야 한다.

성과 측정에는 다양한 접근 방식이 있다. 이 책에서는 도달, 효율, 효과 관점에서 접근할 것이다. 생전 처음 보는 용어와 알쏭달쏭한 축약어에 동공이 흔들릴 필요는 없다. 모두 다 알 필요도 없고 실무에 전부 활용하지 않아도 된다. 그저 유튜브에서 어떤 측정이 가능한지, 어떻게 활용하면 좋을지 정도만 이해하고 넘어가면 된다. 그러다가 언젠가 벽에 부딪힐 때쯤 이 책을 펼치고 다시 체크해봐도 좋다. 혹은 해당 관점들을 구글 애즈에서 매뉴얼과 함께 한 번 더 숙지해도 좋다. 우선 여기서는 '이런 관점과 지표들이 있구나'를 파악해보자. 먼저 도달 관점이다.

도달 관점

◇◇◇

'도달' 관점은 우리 광고가 얼마나 많은 이들에게 노출됐는지를 측정하기 위한 관점이다. 노출수, 도달률, 조회수, 조회율, 시청 도달률 등의 지표를 활용해 확인할 수 있다.

① 노출수 Impression

광고를 집행했을 때 우리 광고가 얼마나 많은 인벤토리에 실제로 게재되는지 보여주는 수치다. 고객에게 아주 잠깐 보여지는 것도 모두 포함한다. 여기서 '잠깐'이란, 최소한의 뷰어빌리티 Viewability가 확보될 수 있는(광고 영상을 인식할 수 있는) 1~2초 정도의 시간이라고 생각하면 된다. 그러니까 1~2초 정도 고객에게 보여졌다면 '노출수'에 카운트된다.

결국 노출수는 우리 광고가 게재돼 결정적 순간이라고 부르는 30초 전에 스킵버튼을 누르고 빠져나간 수치는 물론, 우리 광고를 끝까지 시청한 수치를 모두 합한 것이다.

일단 노출이 되었다는 말은 우리 광고가 입찰 경쟁에서 승리했다는 의미다. 그리고 그렇게 되면, 목표로 한 타깃에게 우리 광고가 얼마나 노출되었는지 카운트할 수도 있다. 물론 이 수치는 개별 고객을 구별하지는 않는다. 한 명의 고객이 우리 광고를 모바일, 패드, PC에서 각각 봤다면 노출 3회로 본다.

따라서 노출수로는 우리 광고가 얼마나 '많은 고객'에게 도달했는지 설명하지 못한다. 우리가 다음 지표를 봐야 하는 이유다.

노출수 = 광고가 노출된 횟수

(광고를 스킵한 고객 + 끝까지 시청한 고객 모두 포함)

---

② 도달률 Reach

디지털 광고에서 '도달'이라는 말은 여러가지 의미로 사용된다. 따라서 용어를 명확하게 정의할 필요가 있다. 유튜브에서 도달은 우리 광고에 노출된 '순 사용자수'를 가리킨다. 따라서 순 사용자수는 동일한 사람에게 노출된 중복값을 제외하고 산출한다. 즉, 한 사람이 우리 광고를 모바일에서 보고, 패드에서 보고, PC에서 또 봤다고 해도 순 사용자수는 1이다. 우리 광고가 한 사람에게만 노출되었기 때문이다. 마찬가지로 도달(수)도 1이다. 결국 도달은 '사람수'를 기준으로 카운트하는 노출 수치이다. 이때 한 사람에게 광고가 3번 노출되었다는 의미로 '노출 빈도'가 3이라는 표현을 한다.

이러한 도달 수치는 광고 성과를 측정하는 전통적인 지표이다. 이를 통해 우리 광고가 얼마나 많은 사람들에게 노출되었는지 측정할 수 있다. 또한 우리가 목표로 하는 고객군 중 과연 몇 퍼센트의 고객에게 도달했는지를 확인하며 성과 관리도 할 수 있다. 이것이 바로 '도달률'이라는 개념이다. 결국 도달률은 (타깃고객) 도달(수)을 총 타깃고객수로 나눠 계산할 수 있다.

도달(수) = 광고에 노출된 '순 사용자수' (중복 노출 제외)

도달률 = 도달(수) ÷ 총 타깃고객수

이쯤에서 "도달 목표는 대체 어느 정도로 세팅해야 하지?"라는 의문을 가질 수 있다. 거기까지 생각했다면 아주 훌륭하다. 이 의문에는 두 가지 해결 방법이 있다. 목표를 먼저 세우고 예산을 추정하는 방식과 우리가 보유한 예산 범위 내에서 도달 목표를 설정하는 방법이다. 상상만으로는 뭔가 엄청 복잡할 것 같지만, 구글에서 심플하게 계산할 수 있는 툴을 제공하고 있다. 광고 상품 소개에서 잠깐 언급한 '도달 범위 플래너'이다.

도달 범위 플래너에 우리가 가진 예산을 입력하면 얼마큼의 도달률을 달성할 수 있는지 예측치를 보여준다. 이때 빈도 설정을 할 수 있는데, 당연히 빈도가 높아지면 목표 도달률도 떨어진다. 비교적 간편하게 우리 캠페인의 도달 목표를 세팅할 수 있고, 세팅한 목표값에 얼마나 가까워지는지 비교하며 성과를 평가할 수도 있다.

여기까지 읽었다면, 도달률이 오직 '노출'을 기준으로 한다는 부

도달 범위 플래너 예시 화면.

분에서 의문을 가질 수도 있다. 다시 한번 살펴보자. 앞에서 말한 노출이 무엇이었는지 기억하는가? 우리 광고가 아주 잠깐이라도 게재된다면 1회로 카운트되는 지표였다. 따라서 노출수를 기준으로 측정하는 도달률은 아쉽기 마련이다. 단 1초 노출되어도 도달한 게 되니말이다. 대부분의 고객이 스킵버튼이 생기자마자 썰물처럼 빠져나가는 걸 생각하면 더 그렇다. 그러므로 도달률만 가지고 우리 성과를 평가하는 것은 성급하다. '조회수'와 '조회율'을 함께 살펴봐야 한다.

③ 조회수 View

조회수는 노출된 광고 중 30초 이상 시청한 총 횟수를 말한다. 광고를 클릭하거나 30초 이하의 광고를 끝까지 시청했을 때도 조회수는 카운트된다.

조회수 = 30초 이상 시청 횟수 / 30초 이하 광고를 끝까지 시청한 횟수 + 광고

클릭 횟수

조회수는 유튜브의 가시적인 성과를 측정하는 데 가장 쉽고 간편하며, 직관적이라 신입사원부터 임원까지 즐겨 사용한다. 조회수는 묻지도 따지지도 말고 높은 숫자가 나올수록 좋다. 그러나 얼마나 높아야 잘한 건지 판단할 수 있는 기준은 필요하다. 적어도 우리가 유튜브 광고를 주도하는 마케터라면 말이다.

조회수 100만은 괜찮은 성과일까? 사실 숫자 그 자체만으로는 아무런 의미를 갖지 못한다. 같은 시점에 경쟁사 혹은 유사한 카테고리에 있는 상품들이 얼마큼의 목소리를 내고 있는지 상대 비교를 해야 한다. 즉 시장에서 내 목소리 크기가 어느 정도의 비중으로 들리고 있는지 양적인 상대 비교를 하는 것이다. 이는 매체점유율SOV, Share of Voice(각 제품과 서비스별로 얼마나 언급되고 있는지 나타내는 점유율)이라는 용어로 정리할 수 있다. 예를 들어 우리 캠페인이 100만 뷰지만, 같은 기간 동일한 타깃을 놓고 경쟁하는 타사 캠페인이 400만 뷰고, 또 다른 경쟁사가 500만 뷰라면? 이때 SOV는 각각 10%, 40%, 50%이다. 과거에는 시장점유율MS, Market Share 대비 얼마나 많은 SOV 비율을 갖는지에 따라 적정성을 판단[1]하기도 했다. SOV÷MS를 계산해 1이면 적정선으로 봤다. 신상품의 경우 1.5~2.0은 되어야 한다는 공식(페컴의 법칙)이 존재하기도 했다. 하지만 현재는 유튜브 안에서도

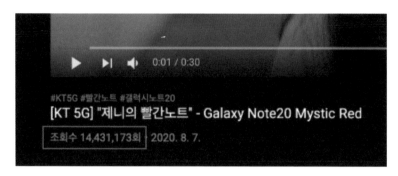

이것이 바로 조회수 플렉스!

노출할 수 있는 채널이 다양하고 타깃 또한 세분화되어 있어 과거의 공식을 그대로 적용하기엔 무리가 있다.

따라서 시장에 의미 있는 영향을 미치기 위해서는 동일한 타깃에 경쟁사보다 높은 SOV를 가져야 한다. 예컨대 위와 같은 상황에서 4~500만 뷰가 대부분의 경쟁사의 유사 상품 광고 조회수라면, 4~500만 뷰까지는 혼잡구간이다. 이때 우리는 혼잡구간을 벗어나 더 많이 도달하는 것을 목표로 잡을 수도 있다.

그런데 여기서 또 다른 의문이 뒤따른다. 특정 기간 동안 경쟁사 대비 SOV를 높이기만 하면 되는 걸까? 경쟁사가 높이면 우리도 따라서 계속 높이나? 그렇게 계속해서 광고비만 쓰면 되는 건가? 일단 차분하게 '조회율'과 '시청 도달률'에 관한 다음 글을 읽어보자. 의문에 어느 정도 답을 얻을 수 있을 것이다.

⑭ 조회율 VTR

조회율이란 우리 광고에 노출된 유저 중 얼마나 많은 유저가 30초 이상 시청했는지를 비율로 나타낸 수치다. 즉 조회율은 조회수를 노출수로 나눈 값을 말한다. 흔히 VTR View Through Rate이라고 부르는 지표다. 예를 들어 조회율이 50%라면 우리 광고에 1초라도 노출된 고객 중에서 50%가 우리 광고를 30초 이상 시청했다는 의미이다.

조회율 = 조회수 ÷ 노출수

조회율이 높다는 것은 상당히 긍정적인 신호다. 일단 우리 광고에 한번 노출되면 30초 이상 시청하는 사람이 많다는 얘기니 말이다. 이는 우리 광고가 고객의 호기심을 끌만큼 매력적이라는 의미이며, 우리 브랜드에 관심을 가질 만한 타깃군을 적절히 세팅했다는 의미이기도 하다. 이런 이유에서 조회율은 광고의 질적 평가 지표로 활발히 활용된다.

그렇다면 조회율의 목표치는 어떻게 세팅해야 할까? 먼저 시장 평균치와 우리 성과를 비교해 볼 수 있다. 스킵 광고의 평균적인 조회율은 20~30% 정도[2]로 알려져 있다. 이를 활용해 해당 수치 대비 우리 광고의 위치를 상대적으로 가늠해볼 수 있다. 성과 평가도 물론 가능하다. 만약 이번 캠페인의 조회율이 45%라면? 우리가 다른 회사보다 적어도 15%p 정도 잘하고 있다는 의미다.

또한 우리 채널 내 다른 소재들과 상대 비교도 할 수 있다. 기존의 히스토리를 통해 도출된 평균값과 비교해 어느 정도 성과를 달성했는지 측정해보는 것이다. 지금까지 우리 브랜드의 평균 조회율이 30%였고, 이번 캠페인의 조회율이 45%가 나왔다면 평균치 대비 무려 15%p 실적 개선이 이뤄진 셈이다.

사실 조회율은 위와 같이 성과를 측정하는 것 이외에, 다양한 크리에이티브 인사이트를 주기도 한다. 동일한 소재의 광고를 여러 버전으로 만들어 AB테스트를 할때도 효과적인 도구가 되기 때문이다. 예컨대 나는 프로젝트를 진행하면서 컷 순서가 다른 버전이나, 내레이션 성우가 다른 버전을 두세 개 만들어 조회율 비교 테스트를 한 적이 있다. 이런 AB테스트 경험이 누적되면 유튜브에서 유효한 메시지 구성 방식이나 노하우를 자연스럽게 축적할 수 있다.

⑤ 시청 도달률

앞서 살펴본 도달률만으로는 아쉽다고 느끼는 사람이 분명 있을 것이다. 도달률은 '노출'을 기준으로 하고 있기에 우리 메시지가 충분히 전달되었는지 평가를 하기에는 어려움이 있다. 이를 대비해 보수적인 보조 지표를 하나 만들었다. '노출'이 기준이 아닌 '30초 시청'이 기준인 '시청 도달률'이라는 지표다.

사실 '시청 도달률'이라는 용어는 유튜브에 등장하지 않는다. 성과 측정에 아쉬움이 남아 직접 만들어 사용하는 조금 더 보수적인 지표이기 때문이다. 어디선가 같은 방식으로 성과를 측정하는 사람들이 있을 거라고 확신하지만, 위와 같은 용어를 그대로 사용하지는 않을 수 있다. 일단 이 책에서는 시청 도달률이라 부르자.

시청 도달률 측정을 위해 '시청 도달수'라는 개념부터 알아야 한다. 이는 '30초 이상 시청한 순 시청자Unique Viewer'를 가리킨다. 당연히 조회수보다는 수치가 낮다. 한 명의 순 시청자가 30초 이상 시청한 횟수가 3회라면, 조회수는 3이고 순 시청자수는 1이기 때문이다. 이때 '시청 도달수'도 1이다.

그럼 '시청 도달률'은 어떻게 구할까. 타깃고객 중 얼마나 많은 사람들이 30초 이상 우리 광고를 시청했는지 그 비율을 계산하면 된다. 간단히 시청 도달수를 목표 타깃수로 나누면 구할 수 있다.

시청 도달수 = 30초 이상 시청한 순 시청자수(Unique Viewer)

시청 도달률 = 시청 도달수 ÷ 목표 타깃수

우리 광고가 20대 고객을 타깃으로 광고를 집행했다고 가정해보자. 조회수는 450만이 나왔고, 30초 이상 광고를 시청한 순 시청자수는 300만 명이었다. 이 경우 도달률은 어떻게 될까? 우리나라 20대가 전체 인구 대비 몇 퍼센트의 비중을 차지하는지 살펴보면 된다. 통계청에서 확인 가능한 국내 20대가 대략 697만 명인데, 순 시청자가 300만 명이니 43%의 비중이다. 이 경우 시청 도달률은 43%라고 할 수 있다. 전파 매체식 표현을 빌리자면 R1+ 43%라고 쓸 수도 있다. 이는 1회 이상 도달한 고객(R1+)이 타깃고객 중 43%라는 의미다.

그렇다면 시청 도달률의 목표치는 어떻게 잡아야 할까? 사실 이 부분은 기존 광고 집행 히스토리를 바탕으로 시뮬레이션을 돌려야 한다. 예컨대 유사한 타깃군을 대상으로 1억을 집행했을 때 나온 시청 도달률 결과값을 기준으로, 앞으로 1억을 집행할 때의 목표치를 추정하는 식이다.

물론 광고의 소재와 목표 타깃군이 변화하면 변수는 많을 것이다. 때문에 도달률 목표만큼 간단하게 구하긴 쉽지 않다. 그렇지만 단순히 광고 노출을 넘어 30초 이상 시청한 순 시청자수가 갖는 의미는 그 무게감이 다르다. 우리 브랜드에 관여하고 있고, 궁극적으로 전환을 고려하고 있는 고객 비중을 높여가는 것이야말로 도달 목표를 관리하는 목적과 맞닿아 있다. 그러니 목표 세팅이 어렵더라도 우리 브랜드만의 실적 히스토리를 쌓아가며 목표치를 찾아가길 추천한다. 그리고 '시청 도달률'이라는 보수적인 지표를 꼭 사용해보길 바란다. 캠페인 경험이 축적되다보면 평가 도구는 더욱 정교해질 것이다.

이것만 봐도 OK

지금까지 유튜브 성과 측정의 3가지 관점 중, 첫 번째인 '도달'에 대해 알아봤다. 도달 관점은 얼마나 많은 고객에게 우리 광고 메시지가 전달됐는지 측정하기 위한 것이다. 이를 위해 첫째, 노출수를 이

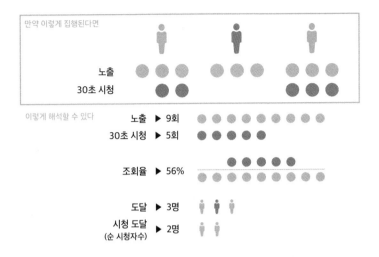

용하는 방법, 둘째, 도달률을 이용하는 방법, 셋째, 조회수를 통해 SOV를 확인하는 방법, 넷째, 노출 대비 30초 조회율을 확인하는 방법, 마지막으로 시청 도달률을 통해 얼마큼의 순 시청자에게 메시지가 도달했는지 확인하는 방법을 알아봤다. 각 개념을 도식화하면 위와 같다.

이쯤에서 이상한 점을 발견한 독자가 있을 거다. 결국 우리가 목표로 했던 '도달률'은 단순히 돈을 쓰면 달성할 수 있는 수치이기 때문이다. 그것도 아주 시원하게 쓰면, 누구나 도달률 60% 정도는 쉽게 달성할 수 있다. 그렇다면 광고비를 많이 쓴 사람이 광고를 잘한 거라는 결론을 내려야 할까? 세상은 그리 호락호락하지 않다. 무엇보다 우리가 가진 자원은 무한하지 않다. 그러니 한정된 예산 안에서 최대 효과를 내려면 도달 비용을 고려할 수밖에 없다. 다음 장에서 성과 평가를 위한 '효율' 관점을 살펴봐야 하는 이유다.

목표로 하는 도달 수치를 달성하려면 예산을 어떻게 효율적으로 써야 할까? 바로 그 관리 포인트를 확인할 수 있는 지표에 대해 살펴보자.

마케터가 알아야 할
최소한의 광고 효율 측정법

유튜브 광고 성과 측정 시리즈 ② 효율 관점

언제나 문제는 비용

◇◇◇

이번에는 '효율' 관점의 성과 측정 방법을 이야기해보려고 한다. 이 관점에서는 적은 비용으로 얼마나 큰 효과를 냈는지가 중요하다. 문득 학창 시절 엄마의 과일 심부름이 생각난다. 가장 맛있고 가장 싼 걸 사오라고 했던 엄마. 보통은 비싼 게 맛있는 법이련만 싸면서 맛있는 과일이라니. 광고 효율 측정은 엄마의 마음을 닮아 있다. 더 많이 도달해야 하면서 동시에 돈은 최대한 아껴야 한다.

조회수당 비용cpv

광고비의 '효율' 측정을 위해서는 2가지 개념만 알면 된다. '조회수당 비용cpv'과 '단위 도달 비용cpr'이다. 먼저 조회수당 비용부터 살펴보자. 조회수당 비용은 말 그대로 유튜브에서 조회수(광고를 통해 카운트되는 애드뷰AD View) 1회를 달성하는 데 얼마큼의 비용이 들었는지를 말한다. 이는 총 조회수(애드뷰)를 총 광고비로 나누어 구한다. 예컨대 애드뷰 조회수가 100만 뷰가 나왔는데 광고비를 3천만 원 썼다면 CPV는 30원인 것이다. 이는 조회수 1을 만드는 데 30원을 썼다는 의미다.

조회수당 비용cpv = 총 조회수(애드뷰) ÷ 총 광고비

CPVCost Per View는 유튜브 광고 측정시 대표적으로 쓰이는 지표로써 '조회수'와 함께 성과 측정계의 쌍두마차라고 할 수 있다. CPV가 낮게 나오면 비용을 효율적으로 썼다는 의미이고, 높으면 그 반대다. 당연히 우리는 CPV가 낮아지도록 관리해야 한다.

그럼 CPV가 얼마나 나와야 잘했다고 말할 수 있을까? 시장 평균치를 기준으로 삼으면 좋다. 평균치는 업계별로 상이하지만 통상 30~40원 수준으로 추정한다. 이를 기반으로 시장 평균치 대비 우리 광고의 효율이 어느 정도의 위치에 있는지 가늠할 수 있다. 문제는 실제로 운영하다 보면 이상하게 CPV가 높은 광고가 생긴다는 점이다. 또 어떤 광고는 예상과 달리 CPV가 상당히 낮은 값이 나온다. 이

는 수요와 공급 법칙에 따라 가격이 결정되는 입찰 구조상 가격에 영향을 미치는 몇 가지 요소가 있기 때문이다. 과연 어떤 상황에서 그런 일이 벌어지는지 자세히 살펴보자.

CPV를 높이는 상황 3가지

<u>① 품질평가 점수가 낮을 때</u> 유튜브 광고는 5초 후에 시청자가 스킵 버튼을 누를 수 있다. 재미있고 호기심을 자극하는 광고는 많은 이들이 시청하지만, 그렇지 않은 광고는 외면받을 수밖에 없는 게 현실이다. 외면이 거듭될수록 광고주는 더 많은 돈을 지불해야 광고를 집행할 수 있는데, 이는 유튜브 광고의 독특한 입찰 방식 때문이다. 해당 로직은 1부에서 자세히 설명했지만, 복습하는 차원에서 다시 보면 아래와 같다.

공식을 보면, 품질평가 점수와 입찰 금액을 조합한 값이 광고 노출 순위를 결정한다. 즉 품질평가 점수와 입찰 금액이 높을수록 광고가 노출될 확률이 높아진다. 이때 품질평가 점수란 고객의 반응을 점수화한 것이다. 예를 들어 조회율이 높은 광고는 품질평가 점수를 잘 받을 수 있지만, 조회율이 낮은 광고는 품질평가 점수를 낮게 받

★표로 수식을 표시한 이유는 구체적인 산식이 공개되지 않아서다.
다만 두 가지 요소가 광고 순위와 양의 상관관계가 있다는 점만 추정해볼 수 있다.

는다. 이런 상황에서 광고를 노출하려면 입찰가를 올리는 수밖에 없다. 그러면 자연히 CPV가 올라가는 것이다.

② 많은 광고주가 경쟁할 때　청과물 시장에 오늘 입고된 수박이 100통뿐인데 도매상들이 평소보다 많이 몰렸다면, 당연히 입찰가는 올라간다. 마찬가지로 많은 광고주들이 몰리는 시점에는 시장 평균 CPV가 올라간다. 예컨대 연말에 남은 광고 예산을 소진하는 회사들이 몰리면 CPV는 자연스럽게 올라간다. 그래서 보통 CPV는 시즌에 따라 변동한다.

따라서 시장 평균치와 함께 우리 타깃에게 얼마나 효율성 있게 집행되는지 살펴보는 게 중요하다. 이를 위해 광고 타깃군을 설정할 때 비교용으로 논타깃 비중을 일부 가져가는 게 좋다. 관심사를 기준으로 한 타깃 30%, 주제를 기준으로 한 타깃 30%, 지역을 기준으로 한 타깃 30%로 광고비를 편성했다면, 나머지 10%는 논타깃에 집행함으로써 대조군을 삼을 수 있는 것이다.

③ 짧은 기간에 큰 비용을 집행했을 때　캠페인 기간에 절대적인 표준치는 물론 없다. 캠페인의 중요도와 상품 특성에 따라 기간은 달라지기 마련이다. 프로모션 광고는 1~2주 이내에 집중적으로 진행하기도 하고, 기업 브랜드 광고는 수개월간 지속해서 집행하기도 한다. 문제는 짧은 기간 동안 큰 비용을 집중적으로 집행했을 때 CPV가 올라간다는 점이다.

따라서 효율성을 고려한다면, 가급적 기간을 충분히 잡아 최대한 많은 고객에게 도달시켜야 한다. 그러나 앞서 말했듯이 시간은 소중한 자원이기에, 비용을 희생하고 시간을 벌 수도 있다. 여기서 중요한 것은 시간과 비용을 모두 다 잡을 수는 없다는 것이다. 두 지표는 서로 상쇄되기에 최적의 시점을 찾는 것이 중요하다.

단위 도달 비용CPR

CPV가 조회수를 기준으로 비용을 산출했다면, 단위 도달 비용CPR은 도달을 기준으로 비용을 산출한다. 즉 한 명에게 도달하는 비용이 얼마인지를 의미한다. 이는 총 도달(수)을 총 광고비로 나누어 계산할 수 있다.

단위 도달 비용CPR = 총 도달(수) ÷ 총 광고비

앞서 도달은 영상에 노출된 순 시청자수라고 정의했다. 따라서 CPR은 '사람'을 기준으로 한다. CPV가 사람이 아닌 '조회수'를 기준으로 한 것과 다르다. 예컨대 CPV는 한 사람이 10회 본 것과 열 사람이 1회씩 봐서 총 조회수가 10이 된 경우의 차이가 없다. 그러나 CPR은 다르다. 한 사람에게 10회 노출됐다면 도달(수)은 1이다. 열 명이 1회씩 노출됐다면 도달(수)은 10이다. 그럼 총 도달(수)이 100이었을 때 광고비가 1천 원이었다면? CPR은 10원이 된다.

CPR로 한 사람에게 도달한 비용을 산출할 수 있고, 우리 광고의

효율성을 평가할 수 있다. 우리 광고가 얼마나 많은 이들에게 도달했는지, 그 비용이 얼마인지를 기준으로, 앞으로 어느 정도로 돈을 쓰면 얼마나 더 많은 고객에게 도달할 수 있는지 가늠할 수 있다. 성과 측정뿐만 아니라 예산 편성에도 활용할 수 있는 것이다.

이것만 봐도 OK

지금까지 효율 관점의 성과 측정 방법을 살펴봤다. 효율 측정은 비단 마케팅뿐만 아니라 경영 전반에 걸쳐 무척 중요한 부분이지만, 효율이라는 관점 하나에 매몰되어서는 안 된다. 유튜브에서 효율만을 강조하다 보면 더 중요한 것을 놓칠 수 있기 때문이다. 예컨대 CPV를 떨어트리기 위해 우리 상품과 연관성이 적은 고객을 타깃으로 확대한다거나, 무의미하게 기한을 늘리게 될 수 있다.

따라서 성과는 여러 관점에서 함께 봐야 한다. 도달과 효율의 관점뿐만 아니라 '효과'의 관점으로도 살펴봐야 하는 이유다. 효과 측정을 통해 우리 광고가 얼마나 유의미한지 구체적으로 알아보도록 하자. 또 그것을 어떤 방법으로 측정할 수 있고, 관련 지표는 어떤 것이 있는지 살펴보자.

우리 광고가 얼마나 유의미한지 측정하려면

유튜브 광고 성과 측정 시리즈 ③ 효과 관점

앞서 광고 성과 측정을 위한 2가지 관점을 살펴봤다. '도달' 관점에서 우리 광고가 얼마나 많은 사람에게 보여졌는지를 측정했다면, '효율' 관점을 통해 예산을 얼마나 효율적으로 썼는지 측정해봤다. 이로써 우리는 적은 돈으로 얼마나 많은 사람들에게 우리 광고를 노출했는지 측정할 수 있다. 그런데 여기서 한 가지 의문이 생긴다.

"광고를 본 우리 고객들은 무슨 생각을 할까?"

광고를 보고 기분이 나쁠 수도 있고, 반대일 수도 있다. 혹은 아주 많은 사람에게 도달은 했지만, 정작 그들은 기억조차 못할 수 있다. 써놓고 보니 슬픈 상황이긴 하지만, 냉정히 말해 상당수가 이에 해당할 것이다. 이쯤에서 위의 물음에 대한 답을 찾아보자.

우리 광고를 본 고객들이 무슨 생각을 했는지, 혹은 어떤 반응을 보였는지 알고 싶다면, 유튜브에서 제공하는 자체 서베이 툴인 BLS를 사용하는 것이 가장 간편하다. 아니면 고객의 댓글과 좋아요 수를 측정하며 효과를 분석하는 방법도 있다. 이는 '반응률' 측정에 해당한다. 광고 집행 시점에 온라인상에서 관련 키워드 트래픽이 얼마나 달라졌는지 조사하는 방법도 있다. 그럼 이제부터 '효과' 측정의 도구인 BLS와 반응률, 트래픽에 대해 하나씩 자세히 살펴보자.

광고 '효과' 측정을 위한 3가지 지표

◇◇◇

① BLS Brand Lift Survey

유튜브를 이용하다가 '광고주에게 도움을 주시겠습니까'라고 질문하는 팝업을 본 적이 있을 거다. 호기심에 몇 개의 보기를 클릭해서 조사에 도움을 준 고객도 있을 것이다. 사실 별도의 보상도 없는 조사에 누가 응할까 싶었는데 신기하게도 응답하는 사람들이 꽤 있는 것 같다. 유의미한 결과를 확인하고 있으니 말이다. 이렇게 유용한 BLS는 간편하게 실행할 수 있는데 심지어 무료다. 사용하지 않을 이유가 없다.

광고 회상도, 브랜드 인지도, 브랜드 선호도, 구매 의향, BLS를 통

BLS를 이용해 광고 회상도, 브랜드 인지도와 선호도, 구매 의향 등을 조사할 수 있다.
(출처: Think with Google)

해 크게 이 4가지 측면에서 광고 효과를 측정할 수 있다. 광고를 보고 나서 4가지 측면에서 어떤 변화가 나타났는지 알아볼 수 있는 것이다. 또한 광고를 본 사람과 보지 않은 사람을 구별해 그 변화의 차이가 얼마나 되는지 비교할 수도 있다. 이런 대조군과의 비교는 유튜브 플랫폼에서 고객의 메타 데이터를 가지고 있기 때문에 가능한 일이다. 각 항목별 질문 내용은 다음과 같다.

광고 회상도: 다음 중 본 적이 있는 광고는?

브랜드 인지도: 다음 중 들어본 적이 있는 브랜드는?

브랜드 선호도: 다음 중 긍정적으로 평가하는 브랜드는?

구매 의향: 다음 중 구매 의향이 있는 브랜드는?

위 조사를 통해 브랜드 인지도가 '10% 증가했다'라는 식의 수치상 변화뿐만 아니라, 어느 정도로 잘했는지 변화량을 등급으로 나눠 확인할 수 있다. 이때 등급은 Best in Class, High Average, Low Average, Below Average 4단계로 나뉜다. 예컨대 기업이미지 광고 집행 후 브랜드 선호도 변화가 5% 증가했다면, 두 번째 등급인 High Average 등급이라고 결과를 해석해준다(아쉽지만 BLS 2.0의 경우, 이 부분은 구글 어카운트 매니저를 통해서만 확인 가능하다).

물론 BLS도 한계가 있다. 한 편의 광고를 전파 매체에서도 틀고 유튜브에도 노출할 경우 조사 결과가 왜곡될 수 있다. BLS가 유튜브 플랫폼 내에서 진행되는 조사인 만큼, TV에서 광고를 보고 유튜브에서는 보지 못했다면 '광고를 보지 않은 고객'으로 분류되기 때문이다. 이 경우 유튜브 광고 집행 효과가 평가절하될 수 있다. 한계를 최소화하려면 BLS는 디지털 캠페인에 한정해 사용하는 것을 추천한다.

만약 전파 매체와 디지털 매체를 혼합한 캠페인을 진행한다면 별도 조사 업체를 통해 브랜드 인지도나 선호도 변화를 추적해볼 것을 추천한다. 특히 조사 업체 중에는 고객의 핸드폰 시각 정보나 사운드 정보를 통해 고객이 광고에 얼마나 노출됐는지 추적할 수 있는 기술을 가진 곳도 있어서 조사 신뢰도를 높일 수 있다.

② 반응률 Engagement Rate

반응률 측정을 위해서는 댓글수와 좋아요수를 파악해야 한다. 이들 반응 수치를 모두 합하면 고객 반응의 총합이라 말할 수 있다. 그리고 반응의 총합을 조회수로 나누면 반응률이 나온다. 반응률 지표 또한 효과 평가의 척도가 될 수 있다. 즉 반응률이 높다면 광고가 타깃고객에게 어느 정도 먹히고 있다는 평가를 내릴 수 있다.

$$\text{반응률} = (\text{댓글수} + \text{좋아요수}) \div \text{조회수}$$

유튜브 플랫폼에서 '반응률'이라는 용어와 공식은 별도로 존재하지 않는다. '시청 도달률'처럼 성과 측정을 위해 직접 만들어낸 지표임을 밝힌다.

몇 해 전 콘텐츠의 질적 평가를 위해 통신 3사의 반응률을 전수 조사하고 평균치를 구해 타당성을 검증한 적이 있다. 그 이후 성과 지표로 사용할 수 있겠다는 판단하에 지금까지 사내 성과 지표로 꾸준히 활용하고 있다.

그럼 반응률이 얼마나 돼야 잘했다고 할 수 있을까? 한 해 동안 집행된 통신 3사의 광고 영상을 조사해보니, 100만 뷰 이상의 광고에서 약 100개 정도의 반응이 발생됐다. 이는 100만 조회수당 100개 이상의 반응이 발생했을 경우, 평균치를 상회하는 성과로 볼 수 있다는 의미다. 반응 수치는 시장에 공개되어 누구나 쉽게 확인할 수 있는 값이다. 단순 합산만 꾸준히 한다면 평균값을 어렵지 않게 산출할 수 있으니 업계의 평균치를 뽑아 보길 추천한다. 조회수가 높아질수록 반응 비율은 낮아지므로 규모별 평균치를 따로 산출하는 걸 추천한다.

③ 버즈량, 검색량, 사이트 유입량

광고 후 고객의 행동이 어떻게 변하는지 측정할 수 있는 또 다른 지표는 바로 버즈량, 검색량, 사이트 유입량 변화다. 특정 주제에 대한 언급 횟수를 뜻하는 버즈량을 측정해주는 유료 사이트가 많은 편이다. 따라서 이를 활용하면 공개된 SNS상에서 우리 광고와 관련된 키워드가 얼마나 늘어났는지 확인할 수 있다. 단순하게 인스타그램 해시태그를 통해서도 버즈량을 측정해볼 수 있다. 인스타그램은 우리가 의도하는 키워드에 대해 고객이 어떻게 반응하는지 무료로 확인할 수 있다는 큰 장점이 있다.

검색량 변화는 '네이버 데이터랩'이나 '구글 트렌드'에서 확인할 수 있다. 광고 캠페인 기간 동안 관련 키워드의 검색량 변화가 일어났다면 광고 효과가 어땠는지 측정할 수 있다. 그러나 상대적인 비교만 가능하고, 변화량을 구체적으로 나타내는 벤치마크 포인트가 없다는 점이 한계로 남는다.

사이트 유입량 변화는 광고 캠페인 기간 동안, 우리 브랜드의 웹사이트 유입량 변화가 얼마나 일어났는지 측정하는 방식이다. 애플리케이션 다운로드수나, 서비스 이용률 변화 역시 같은 방식으로 비교할 수 있다. 보통 구매 전환을 목적으로 하는 상품 광고에서

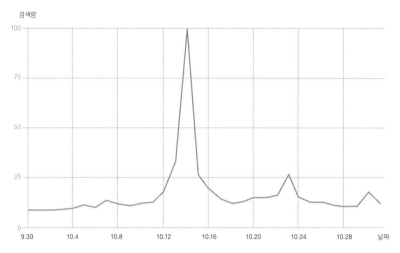

검색량

네이버 데이터랩에서 확인할 수 있는 검색량 추이 예시. 12일에서 16일 사이 검색량이 급등했다.

유의미한 측정 방식이다. 때문에 유튜브 영상 광고와 함께 타깃 광고, 검색 광고 등의 퍼포먼스 광고를 함께 진행하면 효과가 더 커질 수 있다.

지금까지 총 3편에 걸쳐 유튜브 광고의 성과 측정 방식을 알아봤다. 첫 번째 '도달' 관점은 얼마나 많은 이들에게 우리 광고가 도달했는지 측정하는 평가 방식이었다. 두 번째 '효율' 관점은 적은 금액을 얼마나 효율적으로 썼는지 측정하는 평가 방식이었다. 세 번째 '효

관점	설명	지표
도달 관점	광고가 얼마나 많은 고객에게 도달했나	노출수, 도달률, 조회수, 조회율, 시청 도달률
효율 관점	광고비가 얼마나 효율적으로 사용됐나	CPV, CPR
효과 관점	광고 후 고객의 인지, 태도, 행동 변화는 어떤가	BLS, 반응률, 검색량

과' 관점은 우리 광고를 본 고객의 인지, 태도, 행동이 어떻게 변화했는지 측정하는 평가 방식이다.

유튜브 플랫폼의 데이터 분석 기술 덕분에 전에 없이 디테일한 성과 측정이 가능해졌다. 마케터가 부지런히 뛴다면 얻을 수 있는 데이터와 정보들이 기존 전파 매체와는 비교가 안 될 정도로 많아진 것이다. 이 많은 분석 자원을 활용하면 할 수 있는 것들이 너무 많다. 성과 측정을 통해 우리의 마케팅이 얼마나 유의미했는지 평가할 수 있을 뿐만 아니라, 얼마나 효과적이었는지도 판단할 수 있다. 또한 이를 통해 목표를 수립하고, 전략을 짜고, 예산을 편성하며 결과를 예측할 수 있다.

이는 유튜브가 디지털 매체이기에 가능한 방식이다. 이런 디지털 세상은 마케터에게 다양한 도전의 가능성을 열어준다. 우리가 디지털에 대해 더 많이 알고, 더 예민하게 반응할수록 과거에는 상상할 수 없었던 다양한 길이 뻗어 있음을 알게 될 것이다. 그 길 어디쯤엔가 당신이 꼭 서 있길 바란다.

이슈에 올라타려면

'대답하라 1988' 캠페인 사례

유난히 많은 이들의 관심을 받았던 캠페인이 있다. 덕분에 여기저기서 우수사례로 언급도 많이 됐다. 특히 구글 브랜드 캐스트에 소개됐을 땐 뿌듯함이 이루 말할 수 없었다. 바로 '대답하라 1988' 캠페인에 대한 이야기다. 이 캠페인은 인기 드라마 〈응답하라 1988〉의 스핀오프 형식으로 만들어, 원작에 버금갈 만큼 이슈를 만들어내는 데 성공했다.

드라마 종영 시점에 딱 맞춰서 해당 콘텐츠를 노출하기 위해, 드라마가 방영되기 수개월 전부터 기획 작업과 준비 과정을 거쳤다. 드라마 저작권을 풀어가는 것도 난관이었지만, 얼마나 흥행할지 모르는 상황에서 계약을 진행하고 캠페인을 준비하는 건 모험이었다. 그래서일까? 수년이 지난 지금까지도 대박이 난 드라마의 외전 콘텐츠를 기업에서 만들어 성공한 경우는 사실상 찾아보기 어렵다.

나는 캠페인의 PM으로서 수개월 간의 모든 과정을 가장 가까이에서 지켜봤다. 이제부터 프로젝트의 시작부터 그야말로 대박이 터지며 온라인상에 바이럴되기까지의 과정을 이야기해보려고 한다.

대답하라 1988 광고 현장 사진.

'대답하라 1988' 캠페인이란

드라마 〈응답하라 1988〉을 본 사람이라면 한번쯤 궁금해할 만한 내용을 주제로 만든 외전 느낌의 캠페인이다. 예를 들어 '정봉은 왜 7수를 하게 됐을까', '성균은 왜 개그에 집착하게 됐을까'와 같은 식이다.

당시만 해도 유튜브에서 방송사의 드라마 클립은 찾아보기 어려웠다. 방송사들이 자체 플랫폼 성장을 목적으로 외부 공개를 하지 않았기 때문이다. 이런 상황에서 누구나 검색해볼 수 있는 브랜디드 콘텐츠는 빛을 발했다. 드라마 캐릭터들의 또 다른 이야기에 팬들이 열정적으로 반응하고, SNS에 퍼 나르며 확산될 수 있었다.

80년대 설정의 촬영 현장.

당시에는 브랜디드 콘텐츠라는 개념조차 생소하던 시기였다. 몇몇 브랜드가 웹드라마 형식으로 자사 제품을 노출하는 경우도 있었지만 큰 성공을 이루지는 못했다. 우리 브랜드 역시 예외는 아니었다. 사실 브랜드가 만든 오리지널 콘텐츠에 고객이 관심을 갖고 이슈가 되기를 기대하는 것은 너무 큰 욕심이다. 온전히 재미만을 목적으로 한 드라마도 성공하기 힘든 게 현실이기 때문이다. 그래서 이 캠페인은 이미 팬덤이 형성된 콘텐츠와 함께 이슈를 만들어 내는 것을 목표로 했다. 그리고 우리의 예상은 적중했다.

드라마 시작 전, 승부수를 띄우다

드라마 종료 시점에 광고를 릴리즈하려면, 드라마 방영 전부터 모든 과정을 철저히 준비하고 기획해야 한다. 드라마가 흥행하면 저작권 비용은 물론 모델의 출연료도 천정부지로 치솟는다. 흥행을 넘어 지금처럼 대박이 난다면, 드라마 설정을 차용한 브랜디드 콘텐츠 제작은 물 건너갔다고 봐도 된다. 모델들을 한자리에 불러모으기도 어려울뿐더러 드라마 제작사 측에서도 굳이 드라마의 오리지널리티를 훼손하고 싶어 하지 않기 때문이다.

우리는 드라마가 시작되기 한참 전부터 제작사 측과 미팅을 진행하며 성공 여부를 타진했다. 내부적으로 〈응답하라 시리즈〉가 3편까지 흥행할 것이라는 어느 정도의 자신감이 있었다. 검색어나 버즈량 추이를 봐도 3편에 대한 기대감이 데이터에 그대로 나타나고 있었기 때문이다. 다만 전작들이 너무 큰 성공을 거둬, 그걸 뛰어넘는 흥행을 할지는 미지수였다. 당시만 하더라도 지금처럼 유튜브가 활성화되지 않은 시점이었는데, 디지털 콘텐츠의 성공 사례가 절실했던 우리 브랜드는 승부수를 띄웠다. 그렇게 드라마 1회가 방영되기도 전에 계약서 한 통이 탁자 위에 놓였다. 더는 선택을 미룰 수 없었다. 불확실성에 베팅을 하며 프로젝트가 시작되었다.

원작 흥행은 또 흥행대로 부담

처음 기획 단계에서는 드라마가 흥행하지 못하면 어쩌나 안절부절했다. 원작 드라마의 외전을 기획하고 있는데, 원작이 뜨지 않으면 외전에 관심을 가질 사람은 없으니 말이다. 초조함도 잠시, 드라마는 상상보다 훨씬 더 좋은 반응이었다. 1편 이기는 속편 없다고 하는데, 〈응답하라 1988〉은 응답하

라 시리즈 중 가장 반응이 뜨
거웠다. 덕분에 우리 브랜디
드 콘텐츠에 대한 사내 기대
감도 높아졌다.

이쯤 되자 또 다른 불안
이 싹텄다. 원작을 사랑하는
팬들이 우리 브랜드의 외전
콘텐츠를 봤을 때 어설프게
느낀다거나 원작을 훼손한다
는 느낌을 받으면 어쩌나 하
는 불안 말이다.

원작의 세계관을 흔드는
느낌을 준다면 아마도 악플
세례에 시달리며 우리 콘텐
츠를 내려야 할지도 모르는
일이었다. 회사 앞에 팬들이
찾아와 시위라도 한다면 나
는 아마도 그들 앞에 제물로
바쳐질 것이다. 더 잘 만들어

모두의 고민들이 녹아 있던 콘티.

야 한다는 압박감에 내몰렸다. 우리 콘텐츠의 주제를 재차 신중하게 뽑고,
무리를 하더라도 콘텐츠의 완성도를 높여야만 했다.

현대 기술과 80년대라는 오묘한 조합

드라마의 흥행과는 별개로 어떻게 우리 상품을 자연스럽게 녹일 것인지도 문제였다. 처음 '대답하라 1988' 시리즈를 기획할 때 최대 고민은 광고 메시지를 어디에 끼워 넣느냐였다. 에피소드 안에 자연스럽게 녹일 수 있다면야 좋겠지만, 그럴 수 없는 상황이었다. 최첨단 기가급 통신 서비스를 광고해야 하는데, 88년을 배경으로 한 설정이라 아무리 끼워 맞춰도 어색할 수밖에 없기 때문이다.

그래서 생각한 것들 중에는 '사실은 정봉이가 미래에서 온 사람이다', '성균이네 가족은 외계인이다' 등의 허무맹랑한 것들도 있었다. 좀 더 현실적으로 에피소드 안에 중간 광고를 넣는다거나, 캐릭터들이 자연스럽게 텔레비전을 보다가 우리 브랜드 광고를 보는 구조도 생각했다. 결국 마지막 방법으로 의견이 모아졌다. 88년 설정인데 TV에서 첨단 통신서비스를 소개하는 게 맞냐는 문제제기도 있었지만, 오히려 첨단 서비스를 대놓고 촌스럽게 보

대놓고 촌스럽게 구성한 복고 광고.

여주면 재미있을 것 같았다. 극 전체의 맥락을 해치지도 않고 말이다.

상상은 어느 정도 들어맞았다. 브랜디드 콘텐츠 속에 등장한 복고 광고는 생각보다 재미있었다. 고객 반응도 좋아서 30초짜리 복고 광고만 따로 분리해 극장 광고를 집행하기도 했다. 당시만 하더라도 온라인용으로 만든 광고가 극장에 진출하는 건 흔치 않은 일이었다. 온라인이라는 매체가 처음 등장했을 때만 해도 ATL(주요 4대 광고 매체)의 보조적 수단으로 생각했을 뿐이다. 여느 신규 매체가 그렇듯 말이다. 그러다 점점 인터넷 매체만의 고유한 색깔을 내는 것 같더니, 요즘은 인터넷용으로 만든 콘텐츠가 온라인에서 대박이 터진 후 ATL에서 집행되는 일이 흔하다. 마이너한 매체로 여기던 디지털 채널이 짜릿한 역전 홈런을 날렸다고나 할까. 약자의 반란은 언제나 통쾌한 매력이 있다.

세상 뜨거웠던 반응들

조회수 2천만이 넘는 영상의 반응은 뜨거웠다. 좋아요와 댓글의 반응을 알려주는 지표인 '반응률'은 현재 기준으로 비교해봐도 평균치 대비 10배가 넘는 성과를 보여준다. 유튜브 이용시간이 연간 약 40%씩 성장하고 있는 걸 고려하면 당시 반응률은 훨씬 더 큰 가치를 지닌다. 노출된 고객 중 30초 이상 광고를 시청한 고객수도 평균치에 비해 2배가 넘었다.

구글에서도 반색하며 해당 콘텐츠를 성공 사례로 삼은 것은 물론, 리더보드에 올렸고, 1천여 명이 모이는 브랜드 캐스트에서 우수사례로 발표되었다. 시쳇말로 "대박이 났다"라는 뉴스 기사가 여기저기 확산됐다. 구글에서는 고객들의 댓글을 모아 팬아트 형식의 액자를 만들어 선물해주기까지 했

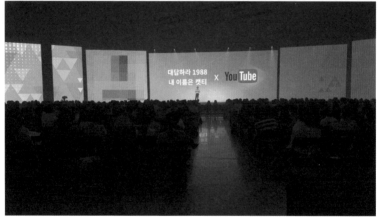

브랜드 캐스트에서 우수사례로 발표되고 있는 모습.

다. 수년이 지났지만 여전히 책상 위 보물 1호로 간직하고 있다.

캠페인이 흥행할 수 있었던 배경은 역시나 원작의 영향이 컸다. 그럼에도 원작의 성공에 흠이 되지 않고 오히려 원작을 유쾌하게 해

구글이 고객 댓글을 모아 만들어준 팬아트 형식 액자.

석했다는 평을 들을 수 있었던 건, 드라마 시작 수개월 전부터 준
비하고 기획한 덕분이다. 무엇보다 이 캠페인 덕분에 우리 브랜드
는 더 많은 브랜디드 콘텐츠를 만들 수 있는 기반을 쌓을 수 있었

다. 그간의 성공을 발판 삼아 요즘에는 우리 브랜드가 오리지널리티를 갖는 오리지널 콘텐츠를 기획하기도 한다. 여전히 흥행은 어려운 숙제지만, 이때의 자신감과 성공이 큰 자양분으로 작용하고 있음을 느낀다.

5부

잘나가는 이들의

비법 노트

유튜브 기업 채널,
떡상을 위한 7가지 키워드 1

마케터라면 꼭 알아야 할 기업 채널 핵심 성공 요소

기업 채널이 재미없는 이유

◇◇◇

유튜브 기업 채널은 왜 이렇게 재미없는 영상만 올릴까? 돈 주고 보라고 해도 차마 안 볼 영상, 민망함에 손발이 오그라들며 황급히 시선을 피하고 싶은 영상들의 향연이다. 그나마 매체비를 쓰는 광고 영상은 Push를 통해 메시지를 노출하는 기능이라도 있지, 오거닉뷰 기반의 '브랜디드 콘텐츠'는 고객들이 자발적으로 봐야 하는데 과연 가능한 일일까 싶다. 돈을 쏟아부어 퀄리티를 높여도 노잼이라 외면받고, 핫하다는 포맷을 따라하면 오리지널리티가 없어 외면받기 일쑤다. 문제가 뭘까? 일찍이 톨스토이는 《안나 카레니나》에서 길이 회

자될 말을 했다.

"행복한 가정은 모두 고만고만 하지만, 불행한 가정은 저마다의 이유로 불행하다."

콘텐츠 마케팅도 같은 맥락 아닐까? 성공하는 콘텐츠는 결국 시청자의 마음을 사로잡았다는 하나의 이유만으로도 대박이 난다. 하지만 폭망하는 콘텐츠는 여러 요인 중 딱 한 가지만 잘못돼도 결코 성공할 수 없다.

그럼 그 어렵다는 성공을 향해 달려가는 기업 채널들을 살펴보자. 아스팔트의 갈라진 틈바구니에서도 꽃이 피듯, 척박한 환경에서도 반짝이는 콘텐츠들은 분명 있다. 잘 나가는 인플루언서들 사이에서 빼꼼하게 고개를 들고 성과까지 내고 있는 기업 채널들이 진짜로 있다니 좀 놀랍다.

그래서 누적 조회수 기준, 상위에 있는 100개 회사의 채널들은 어떻게 운영하고 있는지 확인해봤다. 여담이지만, 내가 몸담고 있는 통신업계 회사가 무려 1~3위를 석권하고 있다. 그동안 피곤했던 이유를 숫자가 답해주고 있는 것 같아 웃프다. 공수부대 군인들이 가슴에 휘장을 달고 다니듯이 저 표를 가슴에 붙이고 다닐까보다.

사실 기업 채널은 유튜브 생태계에서 살아남기가 여간해서 쉽지 않다. 재미만을 추구해서 주목받기도 쉽지 않은 판에, 재미는 기본이고 마케팅까지 해야 하니 당연하다. 그래도 여러 채널을 비교해보

유튜브 기업 채널 순위 (19년 3월 기준)

순위	기업/브랜드명	채널명	누적 조회수	비디오수	구독자수	채널 개설일
1 (5)	LG유플러스	LG Uplus	589,309,625	1,073	227,039	2011.12.18
2 (2)	SK텔레콤	SK telecom	514,812,167	1,827	311,090	2011.01.11
3 (3)	KT	KT - 케이티	420,840,609	1,821	308,750	2013.01.29
4 (1)	롯데면세점	LOTTE DUTY FREE	301,814,136	868	493,114	2012.07.26
5 (35)	동서식품	커피라는 행복 맥심	273,733,494	481	30,201	2013.10.03
6 (10)	SK하이닉스	SK하이닉스	202,817,819	122	131,776	2013.02.20
7 (33)	기아자동차	기아자동차	192,411,623	850	31,552	2010.07.22
8 (13)	넷마블	넷마블 TV	185,161,461	1,448	117,990	2006.08.31
9 (12)	넥슨	넥슨 YouTube	181,568,629	3,626	126,153	2011.03.06
10 (-)	현대자동차그룹	현대자동차그룹 (HYUNDAI)	168,920,397	1,990	비공개	2013.07.15

*순위의 괄호 안 숫자는 구독자수 기준 순위.　　　　　　　　　　　　　　　　　(출처: the PR)

면 난관 극복을 위한 묘안이 조금씩 보인다. 물론 태생부터 유리한 기업이 있긴 하다. 게임, 엔터, 방송과 같이 자체 콘텐츠가 마구 샘솟는 기업이 대표적이다. 실제로 넷마블은 10개 이상의 유튜브 채널을 유지하고 있는데, 골드버튼과 실버버튼을 소유한 채널도 여러 개다. 한국관광공사나 경찰청 등 공공기관도 유리하다. 기업처럼 무언가를 팔아야 할 운명이 아니므로 거부감이 훨씬 적기 때문이다.

반면에 B2B 기업들은 불리한 입장이다. 매스를 대상으로 한 유튜브 채널을 군이 운영해야 하는지 정체성의 혼란을 겪기 쉽다. 그럼에도 열심히 운영하는 SK하이닉스, 한화, DL 같은 곳이 있다. 특히나 SK하이닉스는 위트 있는 콘텐츠로 유명하다. 그리고 B2B 다음으로 애매한 곳은 서비스를 판매하는 기업이다. 대표적인 게 통신사다. 손에 잡히는 물건을 판매하고 있지 않고, 서비스를 일일이 설명해줘야 한다. 거기에 고객이 궁금해하지도 않는 엣지클라우드나 양자암호 같은 기술을 알리려면 일단 한숨부터 나온다.

그럼 지금부터 불리한 환경을 극복하고, 아이디어를 반짝이고 있는 기업들을 살펴보려고 한다. 흥행 요소를 7가지 키워드로도 뽑았다. 사례를 통해 우리 기업 채널에 어떤 부분을 벤치마킹할 수 있을지 확인해보자.

기업 채널의 흥행 요소 7가지

◇◇◇

① 색이 뚜렷한 서브 채널 운영: 부캐는 나의 힘

유튜브 서브 채널을 운영하는 기업이 늘고 있다. 특정 주제 또는 특정 타깃을 대상으로 별도 채널을 만들어 운영하는 것이다. 하나의 채널을 운영하기도 쉽지 않은 판에 채널을 분리하는 이유는 딱 하나다. 바로 해당 채널만의 분명하고도 뚜렷한 색깔을 내기 위함이다.

여기서 잠깐, 간단히 유튜브 기업 채널의 역사를 훑어 보자. 대체 이런 일이 왜 일어나고 있는지 맥락을 이해하기 위함이다. 국내 기업들이 유튜브 채널을 관리하기 시작한 시점은 대략 10년 이내다. 콘텐츠 마케팅이라는 개념도 희미하고, 일부 고객들 사이에서 UCC가 유행하던 시절이다. 이때 기업 채널은 보통 TV 광고를 아카이빙하던 곳이었다. 이 시절을 1세대 유튜브 기업 채널이라고 하자. 당시 유튜브 기업 채널은 전리품처럼 비싼 돈을 들여 만든 TV 광고를 전시하는 용도였다.

이후 기업 채널은 점차 PR(홍보) 창구로 적극 활용되기 시작한다. 보도자료를 뿌리며 홍보 활동을 할 때 영상도 함께 있다면 좋을 거라는 생각은 자연스럽다. 뿐만 아니라 기업 채널을 통해 대중에게 직접 목소리를 낼 수 있다는 장점도 있다. 그즈음 브랜드 저널리즘(광고와 콘텐츠의 경계가 모호해지며 등장한 브랜드의 저널리즘화)이라는 말이 등장했다. 한창 회사를 소개하는 홍보 영상도 올리고 직원이 등장해 신제품 설명도 하던 시기다. 이 시기를 2세대 유튜브 기업 채널이라고 할 수 있다.

그러다가 유튜브에서 유행하는 다양한 포맷을 활용한 본격적인 콘텐츠 마케팅이 시작된다. 이게 바로 3세대 기업 채널의 시기다. 이때는 홍보 영상뿐만 아니라 예능과 웹드라마 등 브랜디드 콘텐츠 형태가 모두 섞인다. 기업 채널은 마치 종합편성 채널의 형태를 띤다.

이제 기업 채널은 니치Niche 타깃을 위해 분화하기 시작한다. 기업 브랜드 채널에서 서브 채널이 등장한 것이다. 20대를 겨냥한 채널이나 특정 상품만을 위한 채널이 만들어진다. 이게 바로 요즘 등장하고 있는 기업 채널의 4세대 형태라고 할 수 있다. 기업은 이제 서브채널을 통해 특정 타깃에게 더 다가가고, 더 자유롭게 말할 수 있게 된 것이다.

유튜브 기업 채널의 진화 과정

- 1세대 - TV CF 아카이빙 용도
- 2세대 - 기업 PR 자료 게시 용도(브랜드 저널리즘)
- 3세대 - 다양한 콘텐츠를 보유한 종합편성 채널
- 4세대 - 타깃 맞춤형 서브 채널

4세대 서브 채널의 대표적인 예시는 〈현대카드 DIVE〉가 있다. 현대카드의 대표 기업 채널 〈현대카드〉가 기업 PR을 위한 홍보 창구로 사용됐다면, 서브 채널은 타깃고객의 문화 플랫폼으로 포지셔닝했다. 음악, 예술, 여행 등 현대카드가 그동안 꾸준히 진행했던 슈퍼콘서트나 트래블 라이브러리 등과 연결성을 갖는다. 이로써 브랜드가 추구하는 문화적 지향점을 유감없이 보여준다.

우리은행도 유사한 방식으로 서브 채널을 활용한다. 대표 기업 채널에서는 기업 PR 관점의 기업 뉴스(우리, #이야기), 경제 이야기(우리쌀롱) 등이 등장한다. 반면 서브 채널인 〈웃튜브〉에서는 MZ세대를 직접 겨냥해 훨씬 가볍고 엔터테인먼트적인 요소가 강하게 들어간 콘텐츠 위주로 업로드한다.

KT가 20대를 겨냥해 만든 〈와이키키 스튜디오〉 채널도 있다. 기업의 대표 브랜드 채널에서 TV 광고나 디지털 광고, 혜택 소개 영상

등이 주류를 이룬다면, 서브 채널에선 연애나 캠퍼스 라이프 등을 주제로 다룬다. KT라는 브랜드를 전면에 드러내지 않고, 상품 소개도 전혀 없이 오직 타깃고객들이 가장 관심을 가질 만한 주제에 집중한다. 웹예능을 진행하기도 하고, 실험카메라를 하기도 한다.

앞으로 서브 채널은 점점 늘어날 전망이다. 하나의 주제에 확실하게 집중해서 브랜드가 타깃유저들과 조금 더 적극적인 소통을 하기 위함이다. 지금까지 세대를 거듭하며 기업 채널이 진보해왔듯, 이제 기업들은 타깃고객과 어떻게 소통해야 하는지 파악하고 영민하게 움직이고 있다. 친한 친구처럼 또는 라이프스타일을 제안하는 멘토처럼 친근하게 다가가 유저들과 관계 맺기를 시도한다. 서브 채널은 바로 관계 맺기의 출발점이자 정거장이다. 놀이터가 되고, 적극적인 대화의 장이 된다. 단순히 물건을 팔려고 고객에게 접근하는 채널은, 애정은커녕 관심을 받기도 어렵다.

마케터인 우리는 여기서도 배울 점을 찾아야 한다. 어떻게 소통할 것인가, 또 무엇으로 소통할 것인가. 서브 채널이 그 물음에 답을 하기 위한 수단이 될 수 있다. 우리 브랜드 채널엔 과연 누가 모여 있는지, 그들에게 얼마나 밀착된 메시지를 전할 수 있는지 다시 한번 살펴봐야 하는 이유다.

② 직원 출연: 직원 활용의 좋은 예

기업 채널에서 직원이 직접 등장하는 콘텐츠는 단골 소재다. 아마도 누군가 이렇게 말했을 것이다. "유튜버들도 다 직접 하는데, 우리도 직원들이 직접 해보지 그래?"때문에 직원 등장 콘텐츠는 기업 채널에서 가장 먼저 시도했을 법한 포맷이다. 그러다 보니 그 역사와 전통이 유구한 데 비해 참신성은 참으로 비루하다. 대부분 거기서 거기니 말이다. 담당자가 상품을 소개하는 방식이나, 직무와 채용에 대해 설명하는 포맷이 다수다. 직원이 등장하면 비용 절감을 비롯해 여러 장점을 가지지만, 어딘가 어색한 모습에 스킵버튼을 황급히 찾게 된다.

반면 척박한 환경에서도 유난히 반짝이는 기업들이 있다. 직원들을 활용해 나름 성공적인 성과를 내는 기업들이 있단 말이다. 대표적으로 직원 활용을 잘한 기업은 바로 넥슨이다. 넥슨의 〈넥넥〉 채널에는 직원 둘이 등장해 게임으로 경쟁한다는 콘셉트의 '자강두천' 코너가 있다. 여기에는 게임은 잘 못해도 승부욕만큼은 누구보다 앞서는 여성 직원 둘이 등장한다. 게임 자체의 승패를 떠나 순간순간 나오는 욱하는 반응과 과열된 분위기가 재미 포인트다. 가끔씩 비속어도 튀어나오고, 익룡 울음소리 같은 샤우팅이 수시로 등장한다. 이 정도 텐션이라면 웬만한 예능 프로그램도 누를 기세다. 일반적인 기업 채널에 등장하는 차분한 직원의 모습과는 거리가 한참 멀지만, 그만큼 충분히 더 재미있고 볼 맛 나는 콘텐츠이다.

사람들이 유튜브에서 보고 싶어하는 콘텐츠는 정제된 기업의 홍보 영상이 아닌, 이런 자연스럽고 예측하기 어려운 콘텐츠다. 물론 업의 특성상 게임 콘텐츠를 활용하는 게 다소 쉬운 방법으로 보일 수는 있다. 그렇지만 직원을 활용할 때 어떻게 해야 어색함을 풀고

〈넥넥〉 채널의 자강두천 시리즈.

자연스러운 모습을 드러낼 수 있을지, 그 포인트를 찾아내는 것이 중요하다. 그러지 않았다면 이런 콘텐츠는 나오지 못했을 것이다. 넥슨은 게임이라는 도구를 훌륭하게 활용했다.

과연 우리 브랜드가 이런 결과에 도달하기 위해 활용할 수 있는 장치는 무엇이 있을까? 계획 없이 직원들을 카메라 앞에 앉힌다면 결과는 너무나 뻔하다. 부디 어색함에 몸서리치며 '나는 안 볼란다'를 외치는 일이 없길 바란다.

이번에는 우리은행 서브 채널인 〈웃튜브〉의 '은근남녀썰' 시리즈를 보자. 은근남녀란 은행에서 근무하는 남녀들의 줄임말로, 어감도 착 달라붙는 게 콘텐츠 정체성과도 절묘하게 맞아떨어진다. MZ세대를 대표할 만한 직원들이 등장해 무려 음주방송까지 감행하며 진솔한 대화를 이어간다. 연애 리얼리티 프로그램이나 토크쇼를 보는 것 같은 직원들의 거침없는 대화가 흥미롭다. "술토크는 무삭제 2시간

〈웃튜브〉채널의 은근남녀썰 시리즈.

짜리 올라와야된다. 꿀잼이에여", "이 조합 자주 보고 싶어요ㅋㅋㅋㅋ" 등과 같은 긍정 반응이 댓글로 올라오는 이유다. 직원들은 경제 관련 정보를 전달하기도 하고, 은행 근무 에피소드를 풀어주기도 한다. 자칫 어색할 수 있는 직원들의 방송에 '리얼리티 토크쇼'라는 형식을 덧입혀 포장한 게 성공 요인이다.

평범하지 않은, 색다른 직무를 수행하는 직원들의 이야기 역시 호기심을 자극하는 단골 소재다. 〈동원TV〉채널에서는 원양어선을 타는 직원의 이야기를 다룬다. 〈티웨이항공〉채널에서는 조종사 브이로그를 만들고, 〈한화TV〉채널에서는 K9 자주포 새벽배송 영상을 만든다. 〈롯데〉채널에서는 고층 건물 건설 현장 콘텐츠를 만든다. 각각 방법은 다르지만, 이런 '의외성'을 활용해 자사의 업을 자연스럽게 소개하고 있다. 전문 유튜버가 아닌 직원이 불러오는 어색함은 어쩔 수 없는 한계점이지만, 그 부분을 앞으로 어떻게 극복할 것인지가 직원 활용 마케팅의 최대 관건이 될 것이다.

③ 브랜드 예능: 본격 예능 버라이어티

TV에 자주 등장하는 예능 프로그램 포맷을 그대로 살려 브랜디드 콘텐츠로 발전시킨 기업도 있다. 대표적으로 〈신세계 그룹 SSG PLAY〉 채널을 꼽을 수 있다. '(신)세계 정복'이라는 카테고리에 모인 영상들은 제목만 봐도 흥미롭다. 이를테면 이마트 편의점에서 100초 동안 100만 원 플렉스가 가능할지, 노브랜드 버거 11개의 맛을 구별할 수 있을지 등을 도전하는 콘텐츠다. 예능 프로그램이 다 그렇듯

〈신세계 그룹 SSG PLAY〉 채널의 (신)세계 정복 시리즈.

넋을 놓고 보다 보면 어느새 빠져들어 기업 채널이라는 사실을 잊을
정도다. 그래서 그런지 조회수 대비 댓글 비중도 우수하다. 이 글을
읽고 편의점 플렉스의 성공 여부가 궁금해졌다면 '(신)세계 정복' 콘
텐츠는 반은 성공한 것과 다름 없다.

우리은행 〈웃튜브〉 채널의 '초면에 실례지만' 시리즈는 실험 카메
라 형식을 취한다. 처음 만난 남녀가 소개팅을 하며 돈에 대한 솔직
한 대화를 이어가는 콘셉트다. 이 또한 유튜브에서 끊임없이 관심을

〈웃튜브〉 채널의 초면에 실례지만 시리즈.

받는 형식임에 틀림없다. 다소 민감할 수 있는 돈 얘기에 대해 과연 그들이 무슨 얘길 할지 살펴보는 재미가 쏠쏠하다. 해당 채널에선 궁금증을 자극하는 주제들이 연이어 나온다. 예컨대 "사랑하는 사람이 결혼 후 산속으로 들어가 자연인의 삶을 살자고 한다면 같이 갈 수 있을까?", "돈 아껴 쓰라고 잔소리하는 애인이라면 만날 수 있을까?", "친구들과 만날 때는 더치페이 NO, 과연 나에게는?" 등의 질문을 던진다. 처음 만난 남녀가 이 주제를 어떻게 풀어갈지 호기심이 생기지 않는가?

그랑사가로 유명한 게임회사 엔픽셀Npixel에서도 예능 포맷을 활용했다. '게임회사에서 살아남기' 시리즈에 웹툰 작가 이말년과 주호민이 등장해 엔픽셀 직원 체험을 한다. 예능 프로그램에서 많이 등장하는 익숙한 포맷인만큼 콘텐츠의 깊은 이해 없이도 쉽게 즐길 수 있다. 특히 이말년과 주호민 작가가 쫄쫄이를 입고 춤을 추며 모션캡처를 진행하는 모습은 웃음을 자아낸다. 이 영상을 보고 어쩐지 게임이 하고 싶다면, 엔픽셀의 전략이 통한 것일 테다.

YouTube
Marketing Insight

유튜브 기업 채널,
떡상을 위한 7가지 키워드 2

마케터라면 꼭 알아야 할 기업 채널 핵심 성공 요소

④ 기업 오너의 출연: 형이 왜 거기서 나와?

재벌 총수의 사생활은 시대를 막론하고 대중의 관심을 받는 소재다. 그런데 요즘 그룹 오너들은 세대교체가 이뤄지며 한층 젊어졌고, 상대적으로 대중 앞에 모습을 드러내는 것에 거침이 없다. 베일에 싸인 회장님이 아니라, 형이라고 불러달라며 대중에게 소탈하게 다가간다. 의외의 모습에 흥미를 느끼는 대중이 좋아요와 구독버튼을 누르는 건 어쩌면 자연스러운 반응이다.

이마트 유튜브 채널에 등장한 신세계 그룹 정용진 부회장을 보자. 이마트 채널에서는 자사가 거래 중인 배추 산지 소개 콘텐츠를 기획했다. 산지의 신선함을 전하고자 만들어진 광고인데, 정 부회장이 직

〈이마트 LIVE〉 채널에 출연한 용진이형. 내적 친밀감이 상승했다.

접 등장하는 게 포인트다. 바람 때문에 뒷머리가 다 떠서 오들오들 떨고 있는 모습까지 거침없이 보여준다. 떨고 있는 그에게 배추로 이행시를 지어달랬더니 '배고파, 추워'란다. 피식 웃음이 나온다. 재벌 회장의 엄근진한 모습은 찾아볼 수 없다.

정용진 부회장이 등장하는 영상은 총 2개인데, 모두 좋아요와 댓글 등의 반응수가 상당히 높은 편이다. 앞서 성과 측정 방식에서 언급한 반응률 지표 기준을 기억하는가. 100만 뷰일 때 약 100개 정도의 반응수가 통신업계 평균치라고 했다. 그런데 해당 영상에선 반응 수가 각각 1.3만 개, 7천 개 수준이다. 단순히 수치만 높은 게 아니라 댓글 내용 또한 호의적이다. "돈 많이 쓰고 어색한 연예인들 모델로 내세우는 것보다 훨씬 잘하시네. 앞으로도 쭈욱?", "우리 같은 요리 유튜버는 이제 끝난듯. 초딩들 축구 시합에 손흥민이 출전한 느낌ㅎ ㅎㅎ 멋진 영상 입니다" 등의 반응이 이어졌다. 이 정도면 정부회장 을 고정으로 출연시켜야 하는 게 아닐까.

배우 함연지의 〈햄연지〉 채널도 보자. 배우이면서 오뚜기 그룹 함 영준 회장의 장녀로 알려진 그녀는 오뚜기 로고를 변형한 채널 로고 를 만들어 유튜브를 운영중이다. 불과 1년 남짓한 기간 동안 구독자 가 40만 명으로 불어나는 채널 파워를 보여주고 있다. 주로 배우 함 연지의 개인 일상을 다루는 채널이지만, 가족 이야기가 자연스럽게 등장하기도 하고 함영준 회장이 직접 출연하기도 한다. 최근 온라인 에서 유행하는 오뚜기 레시피를 적용해 함연지가 함 회장에게 요리 를 해주는 영상은 특히 유명하다. 딸바보의 모습을 여과없이 보여주 는 함 회장의 모습에서 화목한 부녀 사이를 느낄 수 있다. 실제로 그 들의 관계에 긍정적인 댓글 반응이 대부분이다.

특히 오뚜기 그룹의 지원으로 심장 수술을 받은 당사자가 댓글로 감사를 표현하며 화제가 되기도 했다. 파도파도 미담만 나오는 '갓뚜 기'라는 별칭이 함 회장의 소탈한 모습과 오버랩되는 순간이다. 함 회 장이 등장한 영상의 반응수는 9.4만(좋아요 8.5만, 댓글 0.9만)으로 상 당히 높은 편이다. 마케팅 메시지가 전혀 없고 함연지 개인 팬덤의

〈현대카드 DIVE〉 채널의 오버 더 레코드 시리즈.

영향이 크다고 볼 수 있지만, 해당 채널에 있는 다른 영상과 비교해도 월등히 높은 수치다. 오뚜기의 공식 채널은 아니지만 이런 반응이라면 오뚜기의 PI(최고경영자의 이미지)는 햄연지 채널을 주력으로 해야 하는 것 아닐까.

〈현대카드 DIVE〉 채널에 등장한 정태영 부회장의 행보 또한 예사롭지 않다. 그는 프로들의 실전 특강을 콘셉트로 한 '오버 더 레코드'라는 코너에 직접 등장해 브랜드와 마케팅에 대한 강의를 한다.

강의라니, 대체 누가 들을까 싶지만 반응은 긍정적이다. 정 부회장은 스스로 현대카드를 현재 위치까지 이끈 장본이기도 하고, 문화마케팅과 브랜딩을 통해 확실히 입지를 다진 전문가이기도 하다. 바로 이 점이 강의의 진정성과 전문성을 담보했고, 사람들이 긍정적인 반응을 보이는 이유 아닐까?

단순히 기업 오너가 등장해 소탈한 모습을 보였다가 아니라, 본인이 이끄는 기업의 브랜드 철학을 이야기했다는 점에서 호소력이 있던 것 같다. 무엇보다도 현대카드가 진행해온 브랜딩에 매력과 호기심을 느끼는 이들이 영감을 받을 수 있는 영상이다. 해당 영상에 다음과 같은 댓글이 많은 추천을 받는 이유이기도 하다. "와, CEO 강의를. 심지어 현카 CEO의 강의를 온라인에서 들을 수 있다니. 오프라인 강의도 듣고 싶다ㅠㅠ", "브랜딩에 대한 개념이 항상 모호했는데, 이번 기회에 개념 정리가 좀 되었습니다. 감사합니다. 나머지 강의도 정주행각이다!!!"

⑤ 감각 자극의 극대화: 감각의 제국

감각을 자극하는 포맷은 유튜브 단골 소재다. 그중 ASMR이 대표적이다. 자율감각 쾌락반응이라는 의미를 가진 이 포맷은, 주로 소리에 집중하며 심리적 안정감을 느끼게 하는 콘텐츠를 말한다. 유튜버들은 ASMR을 이용해 다양한 파생 콘텐츠를 만들어 냈고, 개그우먼 강유미는 심지어 〈강유미 좋아서 하는 채널〉에서 ASMR을 개그로 승화시키기도 했다.

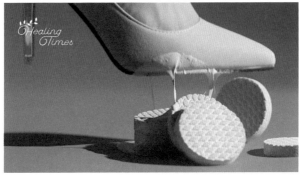

〈뷰티포인트〉 채널의 코덕들의 뷰르가즘 시리즈.

대세의 흐름에 기업들도 빠질 수 없다. 이미 ASMR은 TV 광고에
도 등장할 만큼 하나의 장르로 자리잡았다. 현대자동차 유튜브 채
널에서 세차하는 ASMR을 만들고, 신세계 그룹 유튜브 채널에서 마
트 ASMR을 만든 이유다. 기업 채널에서는 청각적 요소에 고퀄리티
영상을 더하며 고객들의 주목을 끈다. 그리고 시각과 청각적 자극을
통해 주변에서 흔히 볼 수 있는 우리 브랜드를 조금 다른 각도에서
바라보게 만든다. '아' 하고 감탄이 나올 수 있도록 말이다.

대표적인 채널은 아모레퍼시픽의 〈뷰티포인트〉이다. 많은 기업이 ASMR을 활용해왔지만, 아모레퍼시픽만큼 적절하게 활용한 예는 드물다. 자사의 제품을 과감하게 부수고 뭉개며 만들어지는 소리를 담는다. 자사 제품을 신주단지처럼 모시는 일반적인 광고와 달리, 사정없이 뭉개버리는 것에서 오는 묘한 쾌감이 더해진다. 그런데 그 장면이 또 하나의 예술작품처럼 아름답기까지 하다. 기업 채널을 고민하는 마케터라면 일단 한번 찾아보자. 그리고 우리 회사 제품 중에 뭘 때려부술지(?) 생각해보자. 물론 그 모습이 시각적으로 아름다워야 한다는 전제가 있어야겠지만 말이다.

〈MUSINSA TV〉에서는 가죽재킷 만드는 ASMR, 토트백 만드는 ASMR 등을 시리즈로 만들고 있다. ASMR이기 때문에 내레이션이나 해설 없이 제품이 만들어지는 과정을 담담하게 보여준다. 그리고 재단할 가죽 위에 초크칠을 하는 소리, 가죽을 자르고 망치질을 하는 소리가 들어간다. 하나의 제품이 완성되는 과정을 고퀄리티 영상으로 직접 보는 재미도 쏠쏠하다. 사실 이런 종류의 영상은 장인의 인터뷰나 제품을 소개하는 방식으로 만드는 게 쉬운 방법이다. 그렇지만 무신사는 감각적인 비주얼과 소리에 집중하게 만드는 콘텐츠를 만들었다. 역시 패션 브랜드답다. 고객 반응 또한 긍정적이다. "음식에만 손맛이 있는게 아니었어", "가죽 자르는 소리 취향저격", "미쳤다 무료로 보기 아까워서 데이터 켜고 봤어요" 등의 댓글이 잇따른다. 자신이 좋아하는 제품이 만들어지는 과정을 조용히 보고 있으면 제품에 대한 애정도가 상승하며 마음까지 편안해진다.

(위) 〈MUSINSA TV〉 채널의 무신소리 시리즈.
(아래) 〈배티비〉 채널의 첫주문 ASMR 시리즈.

배달의 민족 〈배티비〉 채널 또한 '첫주문 ASMR' 시리즈를 이어가
고 있다. 배달음식 만드는 소리를 테마로 한 ASMR 콘텐츠로, 식당
에서 자주 듣는 '(띵동)배달의 민족 주문'이라는 말소리와 함께 시작
한다. 예컨대 수제버거 ASMR 영상은 패티를 반죽하는 촵촵 소리와
빵을 기름에 굽는 치이이이익 소리가 주요 소재가 된다. 다른 설명
없이 이런 과정이 차분하게 이어진다. 대체 누가 볼까 싶지만 고객들

의 반응은 우호적이다. "배고플 때 보면 안 됐는데. 젠장 먹고 싶어졌잖아요", "정성 쩐다. 집에서 만들기는 어려우니 당장 시켜먹고 싶다" 등의 댓글이 차곡차곡 쌓여 있을 정도다.

사실 배달의 민족은 플랫폼 기업이기에 자사의 재화가 없다. 무언가 만들고 부수며 소리에 집중하게 할 물리적인 상품이 없다는 말이다. 하지만 이렇게 방법을 찾아냈다. 혹시 이 글을 보는 마케터 중에 무형의 서비스를 판매하거나 플랫폼 제공 브랜드에 속해 있다면 이러한 접근을 참고해보자.

우리 제품에 맞는 ASMR은 무엇일까? 그 고민이 이 글에서부터 시작되길 바란다.

⑥ 소소한 호기심 해결: 쓸데없이 궁금한 게 많은 이들에게

살면서 꼭 알 필요는 없지만, 그래도 어쩐지 궁금한 것들을 알려주는 포맷은 유튜브 인기 장르다. 구독자 약 200만을 보유한 진용진의 〈그것을 알려드림〉이나 구독자 약 380만인 〈허팝〉 채널이 대표적이다. 이들 채널에서는 시청자가 궁금해하는 것들을 알아내기 위해 장기밀매업자에게 전화를 걸기도 하고, 멀쩡한 자동차를 전기톱으로 자르기도 한다. "부자도 요플레 뚜껑을 핥아먹을까?", "자는 강아지 앞에 간식을 두면 일어날까?" 등 궁금증을 자아내는 썸네일이 경쟁무기다.

기업 채널 중에서도 이와 유사한 방식을 차용한 곳들이 있어 소개하려고 한다. 대표적인 채널은 〈빙그레 TV〉의 '빙그레 탐구생활'

이다. 그다지 중요할 것 같진 않은데 어쩐지 궁금할 수 있는 내용을 직접 실험해서 보여준다. 예를 들어 요플레는 있는데 숟가락이 없을 때 먹는 방법이나, 코 막고 먹으면 메로나 맛을 구별할 수 있는지와 같은 실험이다. 또한 '그레EAT한 레시피'에선 온라인상에 떠돌고 있는 레시피를 직접 실험한다. 라면에 투게더를 넣으면 치즈라면맛이 나는지, 꽃게랑에 간장을 부어 먹으면 간장게장맛이 나는지 등을 검증한다. 썸네일을 안 봤다면 몰라도 일단 한번 보면 클릭을 안 할

〈빙그레TV〉 채널의 그레EAT한 레시피 시리즈.

〈배티비〉 채널의 궁금시 시리즈.

수 없다.

배달의 민족 〈배티비〉 채널에서도 배달음식에 관한 궁금증을 풀어주는 '궁금시' 시리즈가 있다. 예컨대 "다람쥐는 도토리묵도 좋아할까", "경력 50년 셰프도 양파썰 때 눈물을 흘릴까" 등에 대한 콘텐츠다. 이런 영상의 핵심 요소는 궁금증에 대한 풀이보다는 후킹성 있는 궁금증을 얼마나 잘 뽑아내는지에 달려 있다. 과연 우리 기업과 관련된 궁금증 요소는 어떤 게 있을지 자문해보자. 리스트가 만들어지기 시작한다면, 이미 기획의 절반은 성공한 셈 아닐까?

⑦ 보다 전문적인 정보: 지식과 정보 전달의 정공법

지금까지 알아본 것과는 다르게 직진으로 지식과 정보를 전달하는 채널도 있다. 사실 재미를 전달하는 영역은 아트의 영역에 가깝기 때문에 기업이 접근하기 어려운 면이 있다. 그에 비하면 지식과 정보 제공 방식은 상대적으로 쉽다. 그래서 많은 기업 채널에서 가장 먼저, 그리고 자주 제작하는 방식이기도 하다.

앞서 콘텐츠는 목적과 규모에 따라 히어로, 허브, 헬프로 나눈다고 했다. 정보전달 콘텐츠는 3H 콘텐츠 중 헬프로 분류된다. 이는 우리 제품에 구매의사가 있고 자세한 정보를 찾길 원하는 고객에게 도움이 될 수 있다. 그렇지만 자칫 딱딱하고 지루할 수 있다는 문제가 있다. 아무리 훌륭한 지식이라도 아무도 안 본다면 그저 비싼 쓰레기에 불과하다. 기업들은 이 문제를 어떻게 극복해나갈까?

〈SK하이닉스〉 채널의 'SK hynix ∞ 반도체' 시리즈를 보자. 반도체 지식을 해당 분야 직원들이 알기 쉽게 설명해주는 콘셉트다. 주식 열풍과 맞물려 반도체에 관심을 갖는 이들이 부쩍 늘어난 요즘 시대 니즈에 딱 맞는 콘텐츠다. 하지만 전문 지식은 아무리 알기 쉽게 풀어 설명한다고 해도 지속적으로 시청하려면 상당한 끈기가 필요하다. 그래서 SK하이닉스에선 유튜버 '슈카월드'의 입담을 통해 재미를 가미한다. 그는 약 160만 구독자를 가진 주식 유튜버인데 특유의 현란한 입담으로 넋을 놓고 시청하게 만드는 재주가 있다. 주식 열풍으로 이제 막 반도체에 관심을 갖기 시작한 대중들에게 친근하게 다가가기 위한 SK하이닉스의 노력만큼은 배워야 할 포인트다.

다음으로 〈신세계 그룹 SSG PLAY〉 채널의 사례를 보자. 이곳에는 전문가가 생활 꿀팁을 알려주는 코너가 있다. 이름하여 '팔님에게 물어봐' 시리즈다. 알고 있으면 유용하게 써먹을 수 있는 생활 정보들을 다룬다. 마트에서 시식을 즐기려면 몇 시에 가야 하는지, 호텔 뷔

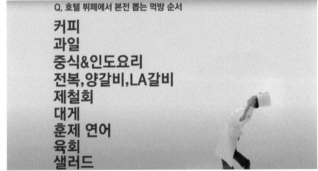

〈신세계 그룹 SSG PLAY〉 채널의 팥님에게 물어봐 시리즈.

페에서 센스 있게 음식을 담는 법이 있는지, 마트 계산대에서 가장 빠른 줄을 찾는 법은 무엇일지 등에 대한 답을 찾아주는 내용이다. 하이닉스와 마찬가지로 관련 업계에 종사하고 있는 직원이 등장해 차분히 설명한다.

KT는 '팁앤톡' 시리즈에서 고객이 궁금해할 만한 내용을 도표와 그래프를 통해 이해하기 쉽게 설명한다. 영상 매뉴얼로, 별도의 상품 소개나 설명서를 읽지 않고 영상만 보면 되니 간편하다. 실제로 고객

〈KT〉채널의 팁앤톡 시리즈.

에게 설명할 때는 백 마디의 말보다 이런 정리된 영상 하나가 큰 도움이 될 때가 있다.

 **이것만 봐도 OK**

지금까지 유튜브 기업 채널에서 나름대로 성과를 만들어 가고 있는 기업들을 살펴봤다. 성공 요소는 크게 7가지 특징으로 정리할 수 있었다. 7가지 특징을 모두 가진 종합편성 채널 같은 기업도 있는 반면, 일부 특징만 가지고 운영하는 기업도 있었다. 특징을 모두 가진 채널이라고 해서 좋다고만 할 수 없는 것처럼, 한두 개의 방식만 고수한다고 해서 잘못 운영하는 것도 아니다. 브랜드마다 각 상황에 맞춰 최적안을 찾아가는 중이라고 믿는다.

척박한 환경을 극복하고 성과를 내고 있는 채널들은 우리에게 인사이트를 준다. 식상한 직원 활용 콘텐츠라 하더라도 얼마나 참신한 포맷을 얹었느냐에 따라 고객 반응은 달라질 수 있다. 고객의 관심도가 낮은 B2B 기업도 돌파구를 찾아내고 있으며, 호기심을 자극할 만한 질문을 던져 궁금증을 해결해주는 콘텐츠도 있었다.

그렇다면 지금 우리가 해야 할 일은 무엇일까? 가장 먼저 우리가 가진 자산이 무엇인지 살펴야 한다. 외부에 노출할 수 있는 직원이 풍부한지, 예능으로 소개할 수 있는 서비스 요소들이 있는지, 혹시 고객이 궁금해할 만한 요소들이 있는지 등 우리 브랜드를 아는 것부터가 최우선이다. 또한 우리가 가진 자원 중에서 기업 채널의 성공 요소 7가지와 접목할 수 있는 부분이 있는지 살펴봐야 한다.

다시 처음으로 돌아가서 이 질문을 떠올려 보자. "기업 채널은 왜 이렇게 재미없는 영상만 올릴까?" 다시 봐도 참으로 민망한 질문이다. 그렇다고 피할 수는 없다. 정면으로 부딪혀 대답해보자. 재미없는 영상을 극복하기 위한 방법에는 무엇이 있을까? 7가지 성공 요소 중 하나가 그에 대한 돌파구가 될 수 있길 바란다.

🗒 유튜브 기업 채널의 7가지 성공 요소

1 부캐는 나의 힘

2 직원 활용의 좋은 예

3 본격 예능 버라이어티

4 형이 왜 거기서 나와

5 감각의 제국

6 쓸데없이 궁금한 게 많은 이들에게

7 지식과 정보 전달의 정공법

디지털 광고, 이번 편에서 쌉정리

디지털 광고의 종류와 규모는 어떠할까요?

앞서 우리 회사의 마케팅 레벨을 진단하고 측정할 수 있는 방법에 대해 알아봤다. 실은 누구도 높은 점수를 받기 힘든 진단고사였다. 그도 그럴 것이 글로벌 데이터 산업을 리딩하고 있는 빅테크 기업들을 기준으로 채점한 것이니 말 다했다. 그래서 당장 실천할 수 있는 간단한 방법을 이야기했다. 그저 디지털 광고를 확대하는 거다.

고작 그거냐고? 아니 고작 그 정도가 아니다. 일단 디지털 광고라는 생태계 안으로 들어가는 순간 놀라운 변화들이 일어나기 때문이다. 디지털 광고는 집행하는 순간부터 '데이터'라는 디지털 족적을 남긴다. 이 데이터는 해석하고 확장하고, 마케팅에 적용할 수 있는 여지가 많다. 마케터로서 참으로 흥분되는 순간이다.

앞에서 말한 것처럼 일단 디지털 광고로 넘어가기만 해도 의미가 있다. 그러니 어떤 광고를 하면 좋을지 골라 잡기라도 하면 반은 성공이다. 지금부터 디지털 광고를 구성하는 각 상품을 알아보고, 특징과 시장 규모를 보고자 한다.

2020년 국내 인터넷 광고 유형별 집행비 예상 비중

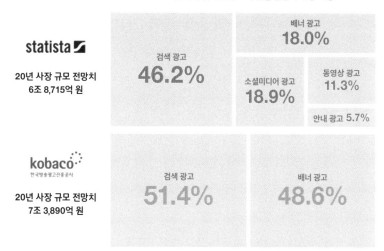

statista

20년 사장 규모 전망치
6조 8,715억 원

검색 광고
46.2%

배너 광고
18.0%

소셜미디어 광고
18.9%

동영상 광고
11.3%

안내 광고 5.7%

kobaco
한국방송광고진흥공사

20년 사장 규모 전망치
7조 3,890억 원

검색 광고
51.4%

배너 광고
48.6%

2020년 전 세계 인터넷 광고 유형별 집행비 예상 비중

statista

20년 사장 규모 전망치
약 38조 1,778억 원
(334억 6,000만 달러)

검색 광고
45.1%

소셜미디어 광고
27.2%

배너 광고
15.0%

동영상 광고
7.6%

안내 광고
5.2%

Zenith
The ROI Agency

20년 사장 규모 전망치
약 36조 7,173억 원
(321억 8,000만 달러)

검색 광고
35.6%

소셜미디어 광고
29.9%

동영상 광고
16.3%

배너 및 기타 광고
10.4%

안내 광고
7.8%

(출처: DMC 미디어)

* Statista는 인터넷 광고의 범위를 동영상, 검색, 소셜미디어, 기타 배너, 디지털 안내(Classifieds) 광고로 분류, Kobaco
는 디스플레이와 검색 광고로 분류, Zenith는 동영상, 검색, 소셜미디어, 디지털 안내, 디스플레이 및 기타 광고로 분류.
** 비중(%)은 소수점 둘째 자리에서 반올림한 값으로 소수점 첫째 자리에서 계산한 값과 차이가 있을 수 있음.

대체 디지털 광고는 뭘까?

디지털 광고는 온라인을 통해 집행되는 모든 광고를 통칭한다. 광고 형태에 따라 검색 광고, 소셜미디어 광고, 디스플레이 광고(배너 광고), 동영상 광고 등으로 나뉜다. 시장 규모를 살펴보면 글로벌 디지털 광고 시장 전체 규모는 321억~334억 달러(약 36~38조억 원)다. 그리고 우리나라는 6~7조억 원 정도다. 우리나라 시장 규모가 결코 적지 않다. 게다가 성장률 또한 만만치 않다. 실제로 우리나라는 유튜브 트래픽 증가 속도가 손에 꼽을 정도로 높다. 유튜브에서도 신규 광고 상품이 나오면 베타 버전을 한국 시장에 돌려본다는 속설이 있을 정도다.

우리가 계속 이야기한 유튜브 광고 또한 커다란 디지털 광고 영역의 일부이다. 그 외 디지털 광고 영역 안에 있는 다양한 광고들도 살펴보자.

검색 광고

디지털 광고를 구성하고 있는 비중을 살펴보면, 1등은 단연 '검색 광고'다. 녹색창 검색 결과 중 광고라는 표식을 달고 가장 먼저 나타나는 것들이 모두 이에 해당한다. 흔히 '퍼포먼스 마케팅'이라고 불리기도 하며, 요즘 업계에서 상당히 애용되는 광고 상품으로 통한다.

검색 광고는 클릭하면 바로 구매 전환까지 연결할 수 있다. 광고주 입장에서는 돈을 쓴 결과를 매출이라는 아주 정확하고도 직관적인 지표로 즉시 확인할 수도 있다. 효과만 확실하다면 광고주 입장에서 돈을 안 쓸 이유가 없는 상품이다. 엄밀히 말해서 이 상품은 구매 전환이 목적이다 보니 마케팅이라기보다 세일즈에 가까운 광고로 분류된다. 특히 게임이나 영상 콘텐

검색 광고 예시.

츠 같이 온라인상에서 곧장 구매가 가능한 제품은 쏠쏠한 재미를 볼 수도 있다.

소셜미디어 광고

다음 타자는 바로 '소셜미디어 광고'다. 소셜미디어 광고는 인스타그램 이나 페이스북에 '더 알아보기', '지금 구매하기' 등과 함께 노출되는 광고 를 말한다. 소셜미디어의 확대와 이용시간 증가에 따라 크나큰 주목을 받 았으며, 소셜미디어에서 나타난 취향에 맞춰 취향 저격 광고를 집행할 수 있 다는 매력이 있다. 그렇지만 소셜미디어 자체의 특성에 따라 광고할 수 있

소셜미디어 광고 예시.

는 상품들이 제한적일 수 있다. 예를 들어 인스타그램은 20대 대상의 뷰티나 여행 상품 광고에 효과가 좋을 수 있다. 하지만 피드를 짧은 시간에 넘기면서 보는 특징 때문에 복잡한 서비스 내용을 설명해야 하는 통신 상품 광고에는 적합하지 않다. 컴퓨터나 자동차 등과 같은 고관여 상품도 딱 맞는 광고를 하기 어렵다.

배너 광고

다음으로 '배너 광고'가 있다. 아마 가장 익숙하고 많이 접하는 광고 형태일 것이다. 네이버 검색창 바로 아래 가장 잘 보이는 곳에 하루도 빠지지 않고 등장하는가 하면, 아이디를 입력하는 창 아래에도 등장한다. 웹툰을 보며 신나게 스크롤을 내리다 보면 어느 틈에 등장하기도 하고, 요즘엔 카카오톡 채팅창 최상단에 등장하기도 한다. 이렇듯 배너 광고는 고객의 시선을 붙잡을 수 있는 위치라면 어디든 나타난다.

그런데 요즘 가장 주목받는 건 '네트워크 광고'다. 언젠가 '아이패드'를 검색했는데, 들어가는 사이트마다 아이패드 배너 광고가 뜨는 신비로운 체험을 누구나 한 번쯤 해봤을 것이다. 바로 GDN Google Display Network 으로 대표되는 네트워크 광고다. 고객이 검색하고 반응한 결과에 따라 맞춤형 광고가 노출되는 것이다. 작동하는 방식으로 분류하자면 검색 광고라고 할 수

배너 광고 예시.

있지만, 고객에게는 배너 광고 형태로 보인다.

동영상 광고

마지막으로 대망의 '동영상 광고'가 있다. 우리의 친구, 우리의 관심사! 이 책에서 주제로 삼는 분야다. 영상은 우리의 시각과 청각을 자극하며 감정적 변화를 일으키는 수단이다. 이처럼 강렬한 체험은 사실 그 어떤 광고로도 불가능하다. 예컨대 배너 광고 플래시를 아무리 빵빵 터트려도 영상만이 갖는 특유의 감각과 자극을 이길 수는 없다. 유튜브라는 매체가 큰 호응을 받는 것도 바로 영상이라는 본질적 특성 때문이기도 하다. 크나큰 자본 이동이 예상되는 상황에서 디지털 동영상 광고 상품에 대해 알아야 하는 것은 어쩌면 당연한 일이다.

유튜브 동영상 광고 예시.

전체 디지털 광고 중 동영상 광고 비중은 11~16% 정도다. 아직 생각보다 그 비중이 크지 않다. 그렇지만 눈여겨봐야 할 부분은 앞으로 비중이 지속적으로 증가할 전망이라는 점이다. 유튜브 시청 시간이 늘어나고, 그야말로 퍼스트 매체가 되면서 전파 광고에 집행되던 비용이 자연스럽게 이전되고 있다. 현재 전파 광고의 시장 규모(약 3~4조 원)를 고려했을 때, 앞으로 동영상 광고의 잠재력은 상당할 것으로 예상된다.

미리 익혀 두고 적재적소에 활용할 것!

지금까지 디지털 광고 전체 영역을 살펴보고, 이를 구성하는 광고 종류들을 알아봤다. 그리고 영상 광고의 비중과 앞으로 열려 있는 가능성을 눈여겨봤다. 여기서 한 가지 잊지 말아야 할 것은 시장 규모가 중요도의 척도가 아니라는 점이다. 광고 상품들은 각자의 역할이 있다. 공군과 육군과 해군의 역할이 다르듯이, 각자 해야 할 일이 다르다.

검색 광고와 배너 광고 등이 고객 구매 여정 중 최하단에 위치해 구매 전환을 목적으로 한다면, 동영상 광고는 최상단에 위치해 인지나 태도 형성에 영향을 미친다. 전자가 세일즈에 가까운 광고 상품이라면, 후자는 이슈를 만들고 고객의 관심을 붙잡는 쪽에 가까운 상품이다. 이러한 상품들의 특성을 알고 목적에 맞게 사용했을 때 최상의 효과가 나올 수 있다는 점을 기억하길 바란다.

⟩⟨ 프롤로그 ⟩⟨

1,2. 2020 인터넷 동영상 시청행태 및 광고태도 분석 / DMC미디어

⟩⟨ 1부 유튜브, 오해와 진실 ⟩⟨

1. 고객에게 딱 맞는 광고, 성공적인 동영상 광고를 위한 5가지 전략 / Think with Google
2. 황금 시간대는 잊어버리고 시청자의 관심사에 주목하세요 / Think with Google
3. Brand Funnel Management를 위한 유튜브 활용 전략 / Think with Google
4. ABCD A playbook for building effective creative on YouTube / Think with Google
5. 고객 여정 각 단계에 효과적인 광고를 만드는 법 / Think with Google
6. 1분마다 업로드되는 영상 분량, 500시간 이상 / 매거진B YouTube 편
7. 기업의 소셜미디어는 '자랑'하는 곳이 아닌 '불만' 듣는 곳, 이동원(2020) / DBR 135

8. 《YouTube 마케팅 한권으로 끝내기(2020)》 / 김보경, 황세현, 이채연 공저 / 디지털북스

9. Google 브랜드 광고 효과 메타 분석(2017) / Creative with Google 범퍼 광고 설명자료

10. Google/Ipsos Lab Experiment(2018) / Creative with Google 범퍼 광고 설명자료

11. 타겟미디어 이용행태 분석(2020) / 메조미디어

12. 《YouTube 마케팅 한권으로 끝내기(2020)》 / 김보경, 황세현, 이채연 공저 / 디지털북스

13. APAC 구글 리테일 플레이북(2020)

14, 15. 《YouTube 마케팅 한권으로 끝내기(2020)》 / 김보경, 황세현, 이채연 공저 / 디지털북스

16. 타겟미디어 이용행태 분석(2020) / DMC미디어

17. 《YouTube 마케팅 한권으로 끝내기(2020)》 / 김보경, 황세현, 이채연 공저 / 디지털북스

18. 가장 효과적인 YouTube 광고 구성(2017) / Create with Google(Think with Google, Google/Eye Square, Experiment in 4 Ads)

⊱ 2부 유튜브에서만 통하는 성공 문법 ⊰

1. Food & Beverage 플레이북

2, 3. 한국 식음료 업계 마케터를 위한 YouTube 광고 솔루션 플레이북 / Think with Google

4. 디렉터 믹스를 활용한 맞춤형 메시지 전달로 모멘팅을 극대화 한 하기스 / Think with Google

5. – 데이터 통합 기반 전략을 활용한 기아 자동차의 캠페인 성공 사례 / Think

with Google

- 글로벌 소비자를 사로잡은 LG전자의 개인화 메시지 전략 / Think with Google

- 구글 F&B 플레이북

6. 고객 여정의 각 단계에 효과적인 동영상 광고를 만드는 방법 / Think with Google

7. 구글 ABCD / Think with google

8,9. Food & Beverage 플레이북

10. YouTube 검색 가능성 높이기 / Youtube Creator Academy

> **3부 모르면 손해보는 광고 노출 원리** <

1. 혐오영상 넘쳐나는 유튜브, 광고주에 필요한 '블랙·화이트리스트' / 더PR

2. 2021 인터넷이용자조사(NPR) / 나스미디어

3. 소셜미디어와 검색 포털에 대한 리포트(2020) / 오픈서베이

> **4부 데이터로 증명하는 성과 측정** <

1. 《광고매체론(2010)》 / 박원기, 오완근, 이시훈, 이승연 공저 / 커뮤니케이션북스

2. 《YouTube 마케팅 한권으로 끝내기(2020)》 / 김보경, 황세현, 이채연 공저 / 디지털북스